U0107575

读山海

海经篇

张敏杰

| 著 |

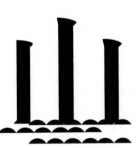

湖南文艺出版社
HUNAN LITERATURE AND ART PUBLISHING HOUSE

博集天卷
CS-BOOKY

© 中南博集天卷文化传媒有限公司。本书版权受法律保护。未经权利人许可，任何人不得以任何方式使用本书包括正文、插图、封面、版式等任何部分内容，违者将受到法律制裁。

图书在版编目（CIP）数据

读山海：全两册 / 张敏杰著 . -- 长沙：湖南文艺出版社，2023.2

ISBN 978-7-5726-0959-6

Ⅰ.①读… Ⅱ.①张… Ⅲ.①历史地理－中国－古代②《山海经》－通俗读物 Ⅳ.①K928.631-49

中国版本图书馆 CIP 数据核字（2022）第 228579 号

上架建议：畅销 · 文化

DU SHANHAI: QUAN LIANG CE

读山海：全两册

著　　者：	张敏杰
出 版 人：	陈新文
责任编辑：	刘雪琳
监　　制：	于向勇
策划编辑：	周海璐　　陈晓梦
文案编辑：	郑　荃
营销编辑：	时宇飞　　黄璐璐
封面设计：	末末美书
版式设计：	李　洁
内文排版：	麦莫瑞
出　　版：	湖南文艺出版社
	（长沙市雨花区东二环一段 508 号　邮编：410014）
网　　址：	www.hnwy.net
印　　刷：	三河市中晟雅豪印务有限公司
经　　销：	新华书店
开　　本：	760 mm × 1060 mm　1/16
字　　数：	938 千字
印　　张：	47
版　　次：	2023 年 2 月第 1 版
印　　次：	2023 年 2 月第 1 次印刷
书　　号：	ISBN 978-7-5726-0959-6
定　　价：	108.00 元（全两册）

若有质量问题，请致电质量监督电话：010-59096394
团购电话：010-59320018

目录

卷六　　海外南经　　001

卷七　　海外西经　　023

卷八　　海外北经　　043

卷九　　海外东经　　061

卷十　　海内南经　　077

卷十一　　海内西经　　093

卷十二　　海内北经　　115

卷十三　　海内东经　　139

卷十四　　大荒东经　　161

卷十五　　大荒南经　　189

卷十六　**大荒西经**　*213*

卷十七　**大荒北经**　*251*

卷十八　**海内经**　*277*

索引　*310*

卷六

海外南经

原 文

　　地之所载，六合¹之间，四海之内，照之以日月，经之以星辰，纪之以四时²，要³之以太岁⁴。神灵所生，其物异形，或夭或寿，唯圣人能通其道。

　　这段经文亦出现在《列子·汤问》篇中，只是前面多出"大禹曰"三字，缺了"地之所载"四字。

　　前文《山经》部分的结尾处，已有"禹曰"字样。跨过"山"到达"海"，按照全书之文例，上面一段文字亦当为称述大禹之言。之所以不见"大禹曰"或"禹曰"的字样，即如清代学者毕沅指出的，"盖此文承上卷'禹曰天下名山'云云，刘秀（歆）分为二卷耳"。书，因书写介质即载体的关系，往往会根据内容在形式上进行切分。或许刘歆在校书时，很自然就分开了，但在解读时，我们还要承上，以弥合前后卷。

　　大地所负载的，包括天地上下、东南西北四方之间的万物。四海之内，有太阳和月亮来照耀，有大小星辰为标志来划分天区和地域，又有春夏秋冬四季来安排秩序，还用岁星的运行周期来纪年。大地上的一切都是神灵造化所生，万物各有不同的形貌，有的夭折，有的长寿，只有圣人才能懂得其中的道理。

　　地之所载，六合之间，是一个空间的框架，若再加上时间轴线的标尺，即今天常言的"宇宙"："往古来今谓之宙，四方上下谓之宇。"（《淮南子·齐俗训》）

　　《山海经》呈现的是古人的宇宙观。仅有山，不够，还要有海，海外海内。山，有艮止之义，厚重而不迁；海，是水，是大水，是远方的浩瀚，周流无滞。大道就在宇宙间，似无所不在，而又不知其具体所在。唯有穷理尽性、智识弘达的"圣人"，能推原、极尽宇宙万物的情形和变化。

　　天地宇宙，可知，不可知，因有"圣人"在，我们就还有希望可以去期待。

1.六合：东、西、南、北、上、下六方为六合。
2.四时：谓春、夏、秋、冬四季。
3.要：求，求取。
4.太岁：又叫岁星，即木星。

原文

海外自西南陬（zōu）至东南陬者。

自《海外南经》起的各篇，开篇都有表示方位和说明顺序的一句话——类似"海外自西南陬至东南陬者"。大概在最初成书时，先有图画，后有文字，而类似这样的文字是在说明图画各部分间的位置关系。

海外情况的叙写，方位上从西南角到东南角，涉及各个国家区域、山丘河川、动植风物等，分别如下。

西南陬、东南陬之"陬"，篆文作⿰，从阜，取声。"阜"之初文为⿱，均表无石之大土山。《说文》："陬，阪[1]隅也。"陬的本义为山坡的一角，这里泛指角落。

海，指荒远之地，边远之地。这里的"远"，除了空间距离，更有人文教化上的差异。自"山"到"海"，这是一个由内而外、自然而然的"推"：时间上至黄帝乃至更古老、更玄不可测的各种神明那里，以至天地未生一片混沌之时；空间地理则"先列中国名山大川，通谷禽兽，水土所殖，物类所珍，因而推之，及海外人之所不能睹"[2]（《史记·孟子荀卿列传》）。这既是认知范围的延展扩大，也是文化信念的自我确认，在"异""怪"中深观沉思。

结匈国　　**原文**

结匈国在其西南，其为人结匈。

结胸国在灭蒙鸟的西南面，这里的人都胸骨向前凸出，像鸡的胸廓一样。

1.阪（bǎn）：同"坂"，斜坡。
2.殖：孳养繁育；珍：珍重，重视。

匄，通"胸"。按郭璞注解，"臆前胅（dié）出，如人结喉也"。臆，胸；胅[1]，身体某部分凸起。结胸，或即今天所言的鸡胸。

其，这里代指邻近结胸国的灭蒙鸟——根据后文《海外西经》所言，灭蒙鸟在结胸国的北边。

《山海经》在今天看来是一本"书"，实则是远古遗迹断片的集合体，很多时候在文字上是不自明、不自足，甚至是不自洽的。我们要把"断片"拼接起来，把"残迹"清理出来，尽可能地去让它们头尾相顾、左右逢源，还要跳出来把它们和其他古籍的片言只语放在一起来辨认识读。

南山　　原文

> 南山在其东南。自此山来，虫为蛇，蛇号为鱼。一曰南山在结匄东南。

南山在灭蒙鸟的东南面。从这座山来的人，把虫称为蛇，把蛇称为鱼。

"蛇号为鱼"，这其中有"方言"的因素在。比如，我的老家，豫西北太行山脚下、沁河北这一带，即以"长虫"来称呼蛇。如果蛇长一点、大一点，就叫它"大长虫"。诚如郭璞在《图赞》中所言——"物不自物，自物由人"，万物得名，不由它们自己，而是人为万物命名。而人在不同的地域空间内，十里不同风，百里不同俗，殊方异域，音声自然有别。

也有一种说法，认为南山在结胸国的东南面。

1.《说文》："胅，骨差也。"骨肉差错凸出。

比翼鸟

原　文

比翼鸟在其东，其为鸟青、赤，两鸟比翼。一曰在南山东。

比翼鸟在灭蒙鸟的东面。这种鸟的羽毛青色、红色相间杂，两只鸟的翅膀配合起来才能飞翔——因为每只鸟都只有一只翅膀、一只眼睛。

《西次三经》的崇吾山有"蛮蛮"，即这里的比翼鸟。按郭璞注解，比翼鸟的模样"似凫"。凫，野鸭子。关于比翼鸟的颜色，还有一种说法：一只鸟是青色的，另一只是赤色的。

比翼和鸣，双宿双飞，并头莲开，后世常喻婚配之美满。

也有一种说法，认为比翼鸟在南山的东面。

羽民国

原　文

羽民国在其东南，其为人长头，身生羽。一曰在比翼鸟东南，其为人长颊[1]。

羽民国在灭蒙鸟的东南面，这里的人脑袋都很长，全身长满了羽毛。

这里的"羽民"，或即"羽人"。按《吕氏春秋》的记载，大禹南行时，曾到过羽人所在的地方。

按郭璞注解，羽民能飞，但飞不远。无论远近，要飞，都得解决动力来源问题。东汉学者高诱为《吕氏春秋》中的"羽人"作注时，有"羽人，鸟喙，背上有羽翼"之言。背上有羽翼，方有飞起来的可能；飞多远，则属于能力大小问题。

古代神话中有所谓的"羽人"，他们是飞仙，想必是想飞多远飞多远，想飞多久飞多

1.颊：面颊。

久。《楚辞·远游》："仍羽人于丹丘兮，留不死之旧乡。"人得道之后，方可生出羽翅，此谓羽化。羽化意味着变化，身体飞升，脱离人世，"飘飘乎如遗世独立，羽化而登仙"（宋·苏轼《前赤壁赋》）。这里的羽民，虽有些怪异，但想必还是芸芸众生，不是什么天外飞仙。

郭璞注解说："画似仙人。"一个"似"字，正说明羽民不是仙人。郭璞又言："卵生。"按《博物志》记载，羽民之国多鸾鸟，"民食其卵"。这里的"其"，当谓鸾鸟。卵生，谓动物由脱离母体的"卵"孵化出来，比如鸾鸟这种鸟就是卵生的，还有鱼类、昆虫以及爬行动物，比如鳄鱼等，都是卵生的。但如果是"食其卵"，那与"卵生"的概念可就大不一样了。好比在春季孵小鸡和每天早餐吃鸡蛋，分别关切一个生命如何来到这个世界和另外一个物种如何维持自己的生命能在这个世界存在。

郭璞引述《启筮》中的文字，描述羽民的特征：鸟喙，赤目，白首。这样的勾勒描绘，让我们联想起以鸟为图腾，且以鸟来命名官职的远古东夷集团——少昊氏。

另一种说法是，羽民国在比翼鸟的东南面，这里的人都长着长长的脸颊。

神人二八　｜ 原文

> 有神人二八，连臂，为帝司夜于此野。在羽民东，其为人小颊赤肩。尽十六人。

有神人叫二八，他们的手臂是连在一起的，在旷野中为天帝守夜。

司，主掌，视察，这里是司候之意。《淮南子·地形训》有"有神二人，连臂为帝候夜"。候，意谓司察守候。

按郭璞注解，这些神人属于所谓的夜游神，昼伏夜出。据传，他们还会连起臂膀，大声呼叫。

这些神人在羽民国的东面，这里的人都长着狭小的脸颊和赤红的肩膀。

"尽十六人"，按郭璞之见，疑是后来的校书之人增加到经文中的语句。

二八，总共是十六个人。看似在解答一个数学题。其实，二人，每个人兄弟八人，加起来是十六个人。按三国时期吴国学者薛综为张衡的《东京赋》作注时所述，有两个恶鬼，一个叫野仲，一个叫游光，各自兄弟八人，常在人间作怪，为害苍生。下面的数是凑够了，上面的"二"莫非就是"二八"神？

毕方鸟 ┃ 原 文

毕方鸟在其东，青水西，其为鸟人面一脚。一曰在二八神东。

毕方鸟在灭蒙鸟的东面，在青水的西面。这种鸟长着一副人的面孔，却只有一只脚。另一种说法认为，毕方鸟在二八神人的东面。

一只脚的鸟，已出现在前文《西山经》的章莪山中，只是没有"人面"这一说法。

讙头国 ┃ 原 文

讙头国在其南，其为人人面有翼，鸟喙，方[1]捕鱼。一曰在毕方东。或曰讙朱国。

讙头国在灭蒙鸟的南面，这里的人都长着人的面孔，却有两只翅膀，还长着鸟的嘴。

这里的"讙头"，即驩兜，相传为尧舜时的部族首领，所谓的"四凶"——四个恶名

1.方：正在。

昭彰的部族首领共工、驩兜、三苗和鲧——之一。据《尚书·舜典》记载：

流共工于幽州，放驩兜于崇山，窜三苗于三危，殛鲧于羽山，四罪而天下咸服。[1]

把共工流放到幽州，把驩兜流放到崇山，把三苗驱逐到三危，把鲧杀死在羽山，四人因罪得惩，天下心悦诚服。

讙头国，《大荒南经》亦有叙及，作"驩头国"，归为鲧之苗裔。

按郭璞注解的叙事，驩兜，乃尧臣，有罪，自投南海而死。天帝怜之，使他的儿子居南海而祠祭之。这个故事版本表现的是天帝和人世间的有情有义。

另据《神异经》记载："南方有人，人面鸟喙而有翼，手足扶翼而行，食海中鱼。"此或即讙头之人，可参。

看！他们正在用鸟嘴捕鱼呢。

大概因为是配合图画的说明文字，这里的行文出现了记述具体动作行为的词句。以下此类词句尚多。

另一种说法认为讙头国在毕方鸟的东面，还有人认为讙头国就是讙朱国。

厌火国　| 原　文

厌火[2]国在其国南，兽身黑色，生[3]火出其口中。一曰在讙朱东。

厌火国在灭蒙鸟的南面，这里的人都长着野兽一样的身子，且全身是黑色的，火从他

1.窜：迁逐；殛（jí）：诛杀，或谓流放。
2.厌火：或作"厌光"。
3.生：或为衍文。

们的口中吐出。

在传世古籍的片言只语中，厌火之人的身姿可谓影影绰绰，隐约可见。

火出口中，在今天，经常出现在魔术表演中，惊险，刺激。古时有表演"幻术"的，远方的大秦国（罗马帝国）在我们的先民看来，其俗多奇幻，远方异域的他们能做到口中出火。据《后汉书》记载，汉安帝永宁元年（一二〇年），今滇缅边境的掸国曾派遣使团来到华夏大地，随同前来的还有乐队和魔术队。他们献艺表演，其中就有变化吐火的节目。

火出口中，还有一个解读方向是"光出口中"。火变成了光，表面上看来危险紧张的系数降低了不少。其实，殷商时期"光"作 𗊷 ，乃至西周晚期作 𗊷 ，均为火在人上的会意字，本义为光亮、明亮，与火之象亦有内在的关联。一张口即有光亮投射出来，放在今天也很魔幻。

按郭璞注解，他们像猿猴或猕猴。口中喷出火，或火光，其实是表明他们能食火炭。燃烧的柴炭，又如何食用呢？且看郭璞《图赞》的说明：

> 吐纳炎精，火随气烈。
> 推之无奇，理有不热。

炎精，火德之性，火性炎上，且有其光。吐纳，吞进去，吐出来，火随热气更炽烈。郭璞说，推论起来呀，不稀奇，从道理上讲或许就有人不怕热。

另一种说法是，厌火国在讙朱国的东面。

三株树 ｜ 原 文

三株[1]树在厌火北，生赤水上，其为树如柏，叶皆为珠。一曰其为树若彗。

1.株：或当作"珠"。

三珠树在厌火国的北面，生长在赤水岸边。这种树与柏树相似，叶子皆为珍珠。

珠，在道家学派那里是极其珍贵的，以"玄"言之称"玄珠"，喻指大道：

> 黄帝游乎赤水之北，登乎昆仑之丘而南望。还归，遗其玄珠。（《庄子·天地》）

黄帝游历到了赤水的北面，登上了昆仑山，并且向南眺望，返回时却把玄珠遗失在了那里。庄子学派笔下的赤水、玄珠等意象，不由得让我们联想到生长在这里的"三珠树"。

另一种说法认为，这里的树像"彗"。

"若彗"，按郭璞注解，如彗星状，其实就是如扫帚之意。"彗"之甲骨文作 彗，本像扫帚形。篆文为 彗，从又，从甡，或以为甡乃扫帚之讹，像手（又）握持扫帚。《说文》："彗，扫竹也。"彗，又是星名，亦称孛星，俗称扫帚星。

郭璞在《图赞》中这样颂美三珠树：

> 翘叶柏竦，美壮若彗。
> 濯彩丹波，自相霞映。

彩帛云霞，波澜赤红，好一幅光彩夺目的图景！

三苗国　原文

三苗[1]国在赤水东，其为人相随。一曰三毛国。

1.三苗：亦称有苗或苗民，古族名。

三苗国在赤水的东面，这里的每个人都是互相跟随着行走。

按郭璞注解，昔日尧把天下禅让给舜，三苗国的君主为此对尧有非难责怪之举，因而尧杀之。有苗之民叛乱，入南海，由此才有了所谓的三苗国。

另一种说法认为，三苗国就是三毛国。

《淮南子·地形训》记载的海外三十六国中有"三苗民"。

载国　| 原　文

载（zhí）国在其东，其为人黄，能操弓射蛇。一曰载国在三毛东。

载国在灭蒙鸟的东面，这里的人都是黄色皮肤，能操持弓箭射蛇。
另一种说法认为，载国在三毛国的东面。

载民国，盼姓，亦见于后文的《大荒南经》。

贯匈国　| 原　文

贯匈[1]国在其东，其为人匈有窍。一曰在载国东。

1.匈：通"胸"。

贯胸国在灭蒙鸟的东面，这里的人胸膛都有个穿洞。

贯胸之人，古人认为属四夷之民，黄帝寄望以自己的德行对他们进行招抚和教化。为何身体上有这样一个穿洞？

> 禹诛防风氏。夏后盛德，二龙降之。禹使范氏御之以行，经南方，防风神见禹，怒射之。有迅雷，二龙升去。神惧，以刃自贯其心而死。禹哀之，塞以不死草，皆生，是名穿胸国。（《艺文类聚》卷九十六引《括地图》）

这样的神话故事，"力图追溯到事物的根源"，属于那个时代的"想象的客观化"[1]。借助不死草，死而复生，贯穿胸口的洞既成就了一国之名，也传递出禹的宅心仁厚。这样的叙事，这样的解释，反映的是人类思维发展的某一历史阶段，不可拿今天的认知理性来衡评。

另一种说法认为，贯胸国在载国的东面。

《淮南子·地形训》记载的海外三十六国中有"穿胸民"。按高诱的注释，所谓穿胸，是穿孔达背。

交胫国　　原　文

交胫国在其东，其为人交胫。一曰在穿匈[2]东。

交胫国在灭蒙鸟的东面，这里的人总是互相交叉着双腿双脚。

1.卡西尔：《语言与神话》，生活·读书·新知三联书店2017年版，第182—183页。
2.穿匈：贯匈。

交胫，在《淮南子·地形训》中作"交股"。胫，小腿；股，大腿。两者在今天看来都属"腿"的范畴，古人则分而言之。

按郭璞注解，交胫，意谓脚胫曲戾相交[1]；胫，又可作"颈"，交颈，是说这里的人都是交颈——颈与颈相互依靠接触——而行。通过读音转训，我们对这个神异国度的想象空间得到了拓展。

如果释读"胫"为腿脚，他们又为何而交胫？古人记载说那里的人，足骨无节，身上有毛，只能瘫卧着，须人搀扶着才能站起来。还有交胫国的人，不算高，长四尺。

另一种说法认为，交胫国在穿胸国的东面。

不死民 ｜ 原 文

> 不死民在其东，其为人黑色，寿，不死。一曰在穿匈国东。

不死民在灭蒙鸟的东面，这里的人有着黑色的皮肤，全都长生长寿，不会死去。

《淮南子·地形训》记载有"不死民"。高诱注解说，"不死，不食也"。古人认为唯有不食之人，方可达到不死而神的境地。不食，不像常人一样饮食，而是要食气。食气的人，才能神明而长寿。这大体属学道登仙之术。

郭璞指出的"不死"方略，大体顺应的是魏晋时代的名士风流的做法，食员丘山上的不死树，饮赤泉之水，就会长寿不死。这不也是陶渊明在诗中所言的"赤泉给我饮，员丘足我粮"（《读〈山海经〉十三首（其八）》）吗？或许，这是郭璞那个大时代的共识。[2]

寿，谓人活的岁数大。岁数大些，是可以的，但不死，又怎么可能呢？当然，我们渴望"不死"，希望永恒，而肉体的生命又怎能摆脱生老病死的天则？《诗经·小雅·天

1.戾：弯曲。《说文》："戾，曲也。"曲戾，犹弯曲。
2.陶渊明《读〈山海经〉十三首（其八）》开篇有："自古皆有没，何人得灵长？不死复不老，万岁如平常。"

保》有：

> 君曰卜尔，万寿无疆。

按古代的祭祀形式，以活着的人扮神像——名为"尸"——作为祭祀的具体对象，可代神来讲话。这里的"君曰"，即"尸"在传达神意；卜，给；卜尔，就是给你。

《天保》是一首臣子祝颂君主的诗作。在如此语境下，代神言说"卜尔"，给你什么呢？哪怕只是一个祝愿，如何才能说到心坎里呢？还是万寿无疆吧。这个话头虽然都知道不可能实现，但却时不时地萦绕在心头。

另一种说法是，不死民在穿胸国的东面。

岐舌国 ｜ 原 文

岐舌国在其东。一曰在不死民东。

岐舌国在灭蒙鸟的东面。

作为国名的"岐舌"，究竟做何解？

按郭璞注解，这个国度的人，"舌皆岐"。这里的"岐"，显然不能按字面意思来理解，而当作"支"或"枝"。岐舌，即支舌。支舌，就是"反舌"，舌头根不朝里，不朝着喉咙，而舌尖朝里。这是从舌头的生理结构上来解释。还有一种解释是，他们说话估计是叽里呱啦的，我们听不懂，而他们自己却能明白。这是从舌头的语言功能着眼。总而言之，这是殊乡异人。

另一种说法是，岐舌国在不死民的东面。

昆仑虚　| 原 文

昆仑虚在其东，虚四方。一曰在岐舌东，为虚四方。

昆仑山在灭蒙鸟的东面，山脚呈四方形。

昆仑虚之"虚"，一作"墟"，按郭璞注解，谓山下之基。

另一种说法是，昆仑山在岐舌国的东面，山基向四方延伸开来。

羿与凿齿　| 原 文

羿与凿齿战于寿华之野，羿射杀之。在昆仑虚东。羿持弓矢，凿齿持盾。一曰戈。

羿与凿齿在寿华的荒野中交战，羿射死了凿齿。

羿，传说中的天神；凿齿，传说中的野人。此野人最大的特点，也是命名之缘由，即"齿如凿，长五六尺"（郭璞注）。另有一说，齿长三尺，且向下伸到了颔下。
寿华，在《淮南子·本经训》中作"畴华"，是南方的一个大泽。

这个地方在昆仑山的东边。在这次交战中，羿手持弓箭，凿齿手持盾牌。另一种说法是，凿齿执持的是戈。

在《淮南子·本经训》中，羿是尧帝兴利除害、伐乱禁暴的功业叙事的一部分，更像一个"工具人"：

尧之时，十日并出，焦禾稼，杀草木，而民无所食。猰（yà）貐（yǔ）、凿齿、九婴、大风、封豨（xī）、修蛇皆为民害。尧乃使羿诛凿齿于畴华之野，杀九婴于凶水之上，缴大风于青丘之泽，上射十日而下杀猰貐，断修蛇于洞庭，禽封豨于桑林。万民皆喜，置尧以为天子。

猰貐，状若龙首，或似狸，善走而食人的西方怪兽；九婴，为害人间的水火之怪；大风，坏人屋舍的风伯，或认为是一种鸷鸟；封豨，大豕，野猪；修蛇，大蛇，巨蟒。再加上凿齿，以上种种奇禽怪兽，都被羿杀死。但这一切都在彰显尧的圣明，万民推举他为天子。

按照高诱对《淮南子》的注解，凿齿"持戈盾"。再反观本书行文的成例，此处的经文或当有所订正：

羿与凿齿战于寿华之野，羿射杀之。羿持弓矢，凿齿持戈盾。一曰在昆仑虚东。[1]

三首国　原文

三首国在其东，其为人一身三首。

三首国在灭蒙鸟的东面，这里的人都是一个身子、三个头。

在后文的《海内西经》中同样记载有"三头人"。

一体而三头，当属人的意中之象。此"意象"在古人的意念中可谓交光互影，例如《淮南子·地形训》记载有"三头民"，《吕氏春秋》说大禹曾向西到过"三面之乡"。另，佛教中佛的法相亦有"三头六（八）臂"之说。

哪吒的"三头六臂"，如果在东土找老家的话，这里的三首国还真可以算一个。

1.这里以俞樾《读山海经》为基础略做调整。

周饶国 | 原 文

> 周饶国在其东，其为人短小，冠带。一曰焦侥国在三首东。

周饶国在灭蒙鸟的东面，这里的人身材矮小，而且"冠带"。

冠带，这里做动词用，戴帽子，系衣带。穿衣戴冠，代表的是文明礼教。

按郭璞注解，这里的人身高三尺，穴居生活，能制造灵巧的机械或装备，想必有的应该运用在农业生产上了，由此能种植五谷，打出粮食。别看人"小"，但生活很富足。

别的古书，对他们还有边边角角的补充记载，说他们还擅长游泳，能制作上好的弓箭，还进贡给了尧帝，其所在地的花草树木都是冬落而夏生。

另一种说法是，焦侥国在三首国的东面。

周饶，或即焦侥，亦即侏儒，音相近。周饶国、焦侥国，都是所谓的小人国。其国人或说长三尺，或说长一尺五寸。

当然，还有更小的"小人"。有一分长的人，穿朱红色的衣服，戴黑色的冠；还有一个鹄国，人长七寸，海鹄遇到了他们，会把他们叼走，吞下去。看来，体格不能太小，否则连海鸟都会欺负到头上来。古书中说"小人"为避免被鸟吞吃掉，就只能躲起来过着穴居的生活。

长臂国 | 原 文

> 长臂国在其东，捕鱼水中，两手各操一鱼。一曰在焦侥东，捕鱼海中。

长臂国在灭蒙鸟的东面，这里的人在水中捕鱼，左右两只手各抓着一条鱼。

长臂国，国人的臂膀都很长。郭璞注云："旧说云，其人手下垂至地。魏黄初中，玄菟太守王颀讨高句丽王宫，穷追之，过沃沮国，其东界临大海，近日之所出。问其耆老：'海东复有人否？'云：'尝在海中得一布褐，身如中人，衣两袖长三丈。'"身材是中等人的，而衣服的袖子却有三丈长。想想丈二和尚已经是摸不着其头脑，拥有三丈的臂膀确实可以被称为长臂人。

另一种说法是，长臂国在焦侥国的东面，那里的人是在大海中捕鱼的。

狄山　　原文

狄山，帝尧葬于阳，帝喾（kù）葬于阴。爰（yuán）有熊、罴[1]、文虎[2]、蜼[3]（wèi）、豹、离朱[4]、视肉。吁咽、文王皆葬其所。

一曰汤山。一曰爰有熊、罴、文虎、蜼、豹、离朱、鸱久[5]、视肉、虖（hū）交。

有一座狄山。

按《墨子》一书的记载，尧去北方教化八狄各族，死于半途之中，就葬在了蛩（qióng）山。这个蛩山，即崇山，音相近；而崇山，又名狄山。

墨子主张"节葬"，在他笔下，尧虽为上古帝王，其葬极薄：葬在山的阴面，衣服、被褥各三件，以楮木做棺，以葛条捆扎，埋葬好，填平坑，不起坟冢，甚至丧葬结束后，亦不禁止牧人的牛马在墓地溜达。

1.罴：兽名，棕熊。
2.文虎：雕虎，指老虎身上有斑纹，似雕画而成。
3.蜼：猕猴之类，或即金丝猴。
4.离朱：一种南方赤鸟，或即焦明，似凤，长喙，疏翼，圆尾。
5.鸱久：当作"鸱久"，即鸱鸺，鸱鸮的一种。

《墨子》中的描述只是一种说法，与本书所述不一致。有学者出来打圆场：则此云"狄山"者，狄中之山也。也就是说，䖸山是狄山中的一山。

尧死后葬在了山的南面；帝喾——尧的父亲死后，葬在了山的北面。

郭璞在注解中特意提到了他那个时代的尧冢和喾冢。帝喾冢在晋时顿丘县城南台阴郊野之中，而尧冢则不止一处。《三国志·魏志·文帝纪》说"尧葬谷林，通树之"。谷林，亦作谷陵，在今山东菏泽。另，东阿、赭阳亦有尧冢。

《说文》："冢，高坟也。"冢的本义为高大之坟，当属惹眼的那种。经文中还叙及"坛"。先民以累土筑台的形式凝聚族群精神：敬仰，纪念。

这里有熊、罴、花斑虎、猕猴、豹子、离朱和视肉。

视肉，按郭璞注解，为传说中的一种怪兽，团起来的形貌像牛肝，有两只眼睛，割取它的肉食之，不久又重新生长出来，完好如故。

《淮南子》亦有视肉的记载，认为它是昆仑、华丘出产的珍异之物。其他古书对它的描述，形态各异，最核心的特征是肉身的复生。这样一种肉团状生物体，在今天看来或是一种黏菌类植物。郭璞在《图赞》中这样描绘道：

> 聚肉有眼，而无肠胃。
> 与彼马勃，颇相仿佛。
> 奇在不尽，食人薄味。

郭璞认为视肉与马勃相类。马勃，亦作"马渤"，菌类，子实体球形，幼时内外纯白色，内部肉质稍带黏性，成熟后内部组织全部崩解，最后全体干燥，化作灰褐色灰包。可入药，有清肺、利咽、止血之功效。

视肉，奇归奇，但给人食用之后，都说其味淡薄。

吁咽和文王也埋葬在这里。

吁咽、文王两者在行文中并列。吁咽，似为人名。郭璞注解说，"所未详也"，不知具体为何。今天学者推论，很有可能指舜。根据是后文《大荒南经》有"帝尧、帝喾、帝舜葬于岳山"的记载，帝尧和帝喾在这里已叙写了，的确还差了一个帝舜，而"吁咽"两字快速连读，确实很接近"舜"的读音。

文王，当指周文王姬昌，周朝开国君主。但问题是，文王另有安葬之处。这里把"文王"安排在这里，或许是周秦之际的人们"有意"而为之。莫非能和古圣王并列，真的是与有荣焉，很长脸？

另一种说法认为狄山就是汤山，这里有熊、罴、花斑虎、猕猴、豹子、离朱、鸱鸺、视肉和虖交。

虖交，未明其详。

范林 **原文**

其¹范²林方三百里。

有一片方圆三百里的范林。

祝融 **原文**

南方祝融，兽身人面，乘两龙。

南方的祝融神，长着野兽的身子、人的面孔，驾乘着两条龙。

1.其：或当为"有"字。
2.范：通"泛"。

祝融，为颛顼氏之后，高辛氏帝喾的火正（掌火之官），死为火官之神。

以八卦代表的方位来看，南方卦为离☲。离，为明，为火，万物皆因之而相见。祝融在南方，正是所谓的火神，还被视为南方炎帝的辅佐者："作配炎帝，列位于南。"（《图赞》）

"乘"之甲骨文作𡘾，西周时期的金文作𡙡，从大，从木，像人踩登在树木上，会登上之意，强调的是"自上而加之"，即乘坐，骑坐，驾驭。《周易》中有"服牛乘马，引重致远"。这里驾驭乘骑的是马，而火神的坐骑更高级，是两条龙。

龙，是上下往来的交通工具，更是一种象征，乘上去，骑着它，意味着质的蜕变——升仙。比如黄帝采铜铸鼎，后有龙来迎，黄帝骑之而去。龙，亦可抽象化理解，《周易·乾》之《象传》有"时乘六龙以御天"。这里的龙，为乘时而动的象征，关键是乘之可实现哲学意义上的自由——"御天"。

以上为《海外南经》，整体上可视为第六篇。

卷七

海外西经

原　文

海外自西南陬至西北陬者。

海外从西南角到西北角的国家区域、山丘河川、动植风物等，分别如下。

灭蒙鸟

原　文

灭蒙鸟在结匈国北，为鸟青，赤尾。

在面对宏大广阔的空间时，文字必须首先与方位建立一种对应关联，以便有逻辑地展开叙事，发挥出类似地图一样的指示功能。

接下来的文字，上承"西南陬"，也就是说从西南角这个方位说起。

灭蒙鸟在结胸国的北面，这种鸟有着青色的羽毛、红色的尾巴。

灭蒙鸟和《海外南经》中的"结匈国"属相互标定的关系。前后文字须对读，方可明了它们之间大致的位置关系。关系总是相对而言的，空间方位尤其如此。

大运山

原　文

大运山高三百仞，在灭蒙鸟北。

大运山高三百仞，处在灭蒙鸟的北面。

无论准确与否，合理与否，这个"三百仞"都很难得。因为山在"山海世界"中总算有了具体的高度，唯其如此，我们才好去比较，去标定，去想象，虽然口里常念叨的是：山不在高，有仙则名。一仞，为人伸展开臂膀的长度，通常为七尺或八尺。周代的尺，约合二十三厘米，算下来，一仞在一点六米至一点八米。大运山有四五百米高的样子。

大乐野 ｜ 原 文

> 大乐之野，夏后启于此儛[1]（wǔ）九代，乘两龙，云盖三层。左手操翳[2]（yì），右手操环，佩玉璜[3]。在大运山北。一曰大遗之野。

大乐野，夏后启在这里观看乐舞《九代》，乘驾着两条龙，飞腾在三重云雾之上。

禹受禅而建立的夏王朝，称"夏后氏"，亦称"夏氏""夏后"。启，为大禹之子，夏朝的第二代国君。

九代，按郭璞注解，为马的名字。"儛九代"，也就是舞马，"盘作[4]之令舞也"。盘作，按后世学者的解读，就是举盘起之，让马舞其上，大意谓让马按照人的指令做各种动作，跳出各种"舞步"。至于这个"盘作"或"举盘"，当为升至高处的圆形"舞台"。杜甫在《斗鸡》一诗中曾描写玄宗皇帝有"斗鸡初赐锦，舞马既登床"的排场，似乎在唐代还保留有这个戏份。

当然，学者们更倾向于把"九代"视为古乐之名，与《九韶》《九成》《九歌》联系在一起理解。这似乎更稳妥。毕竟，"九代"作为马名，没有出处，且径直把"儛"解释为"舞马"，先例无此，且于古义不合。

1.儛：同"舞"。
2.翳：用羽毛制成的帝王车上的伞盖。
3.璜：半璧形的玉器，是礼器，亦可做佩玉。
4.作：起，兴起。

夏后启左手握着一把华盖，右手拿着一只玉环，腰间佩挂着一块玉璜。

大乐野在大运山的北面。

另一种说法是，夏后启观看乐舞《九代》是在大遗野。

三身国　原文

　　三身国在夏后启北，一首而三身。

三身国在夏后启所在之地的北面，这里的人都长着一个脑袋、三个身子。

三身国里，想必皆是三身民。《淮南子·地形训》记载：

　　自西北至西南方，有修股民，天民，肃慎民，白民，沃民，女子民，丈夫民，奇股民，一臂民，三身民。

又，按《大荒南经》的记载，三身国的国民，为姚姓，乃舜帝之苗裔，以黍为食，有驱使鸟兽的特殊本领。

一臂国　原文

　　一臂国在其北，一臂一目一鼻孔。有黄马虎文，一目而一手[1]。

1.手：谓马臂，即马的腿蹄。

一臂国在三身国的北面，这里的人都长着一条胳膊、一只眼睛、一个鼻孔。

其他古籍，例如《异域志》，对一臂国有另外的命名——"半体国"。"一臂"着眼于局部，而"半体"则是整体观下的描述，概括力强，还形象。这里的"体"，指人体，人的正常的、完整的躯体。

这里还有一种黄色的马，身上有老虎的斑纹，长着一只眼睛、一条腿蹄。

奇肱国　原 文

奇（jī）肱之国在其北，其人一臂三目，有阴有阳，乘文马。有鸟焉，两头，赤黄色，在其旁。

奇肱国在一臂国的北面，这里的人都长着一条胳膊、三只眼睛，眼睛分阴和阳，阴眼在上，阳眼在下。他们还都骑着"文马"。

文马，即神马吉良，白身子，红鬃毛，有金黄色的眼睛。《海内北经》有详叙。

这里还有一种禽鸟，长着两个脑袋，身子是红黄色的，栖息在人的身旁。

按郭璞注解，奇肱国的人在发明创造方面有特殊才能：第一，能造出灵巧的机械装置，用来捕获各种禽鸟；第二，能制作出"飞车"，动力源是风，车可"从风"而行。这些"机巧"，商汤时曾得于豫州界中，随即将它们都毁掉，不愿示之以人。先哲圣王们认为奇技淫巧，与诡诈过近，胸中不有且不藏是最好的，否则会有人心泯没、德行败坏之虞。

圣王们接下来的作为更有意味，"后十年，西风至，复作遣之"。以博大的胸怀怀柔致远，把属于他者的技术机巧又"还"了回去，我们的百姓不要这些，你们随意！民族文化的宽容气量，其实就是这样点滴叠加，撑出一片大天地。

刑天 | 原文

　　形天[1]与帝至此争神，帝断其首，葬之常羊之山。乃以乳为目，以脐为口，操干戚[2]以舞。

　　刑天与天帝争夺神位，天帝砍断了刑天的头，把他的头埋葬在常羊山。无头的刑天，即以乳头做眼睛，以肚脐做嘴巴，一手持盾牌，一手操大斧，继续挥舞作战。

　　这里展现的是所谓的"无首之体"或"形残之尸"，场面惨烈。

　　刑，从刀，井声，有割杀、处罚、治罪之义。《广雅》："刑，到也。""天"之甲骨文作 ，金文作 ，皆像人之形，突出头部，表示人之顶颠。《说文》："天，颠也。""天"之本义为人的脑袋。古代有所谓的天刑，就是一种在额头上刺字的刑罚。

　　归结一下，刑天，也就意味着砍断了头。或许争夺神位的"刑天"，本无其名，在被断首之后方有"刑天"之大名。

　　《诗经·大雅·公刘》有：

　　　弓矢斯张，干戈戚扬，爰方启行。

　　公刘，后稷的曾孙，率领周族人准备迁居，对外在的敌人张弓搭箭，舞动干戈斧铖，这才开始出发上路。

　　刑天之舞，是舞动，意在抗争，内心终究不肯屈服。手里的干戚，是战斗的武器，是不服的标识。正如陶渊明在诗作中称美的："刑天舞干戚，猛志固常在。"（《读〈山海经〉十三首（其十）》）

　　降及后世，刑天手中的干戚，转化为武舞者所执的舞具。《礼记·乐记》记载："干戚之舞，非备乐也。"武舞，彰显的终究还是打打杀杀，宣扬的是胳膊粗壮有力，兵刃锐不可当，不具备文德，并非教化价值的典范，由此不可能代表尽善尽美的音乐。

1.形天：刑天，或作"形夭""形残"。
2.干戚：两种兵器，干为盾，戚为斧。

女祭
女戚

原 文

女祭女戚[1]在其北，居两水间，戚操鱼鲩（shàn），祭操
俎[2]（zǔ）。

女巫祭和女巫薎在刑天和天帝发生争斗之地的北面，正好在两条水流的中间。女巫薎
手持"鱼鲩"，女巫祭手里捧着俎器。

根据上下文意，此当为两女巫祀神的情景，有相当的画面感。但"鱼鲩"两字，实难
落实，若按字面意思解释，手持形状像蛇的鳝鱼——"鲩"作"鳝"解，似未尝不可。

再结合全书的前后文——《大荒西经》之"寒荒国"的叙写："有二人女祭、女
薎。"郭璞在此处注云："或持觯（zhì），或持俎。"根据这一线索，我们可以认为，
"鲩"或应作"觯"。觯为一种圆腹侈口圆足的饮酒器。《礼记·礼器》记载："尊者举
觯，卑者举角（jué）。"角，亦为饮酒器。"角"和"鱼"字形相近，若"鱼鲩"转换
为"角觯"，即为祭祀用之礼器，大致可疏通字词文意的内在理路。

鸴鸟
鹯鸟

原 文

鸴（cì）鸟、鹯（zhān）鸟，其色青黄，所经国亡。在女
祭北。鸴鸟人面，居山上。一曰维鸟，青鸟、黄鸟所集。

鸴鸟和鹯鸟，它们的颜色青中带黄。它们经过哪个国家，哪个国家就会败亡。

这两种鸟，主灾祸，不吉利。其实，好比夜里猫头鹰咕咕叫个不停，大早上乌鸦在枝
头呱呱叫，总让人觉得心里不舒服。待真的"有事"发生了，再回过头来找它们算账！内
心最初的一丝不舒服，早已与恶鸟噩兆绑在了一起，于是它们就成了"有事"的根源。

1.戚：或作"薎"（miè）。
2.俎：祭祀时盛供品的礼器。

鸰鸟和鶹鸟栖息在女巫祭的北面。鸰鸟长着人的面孔，立在山上。

另一种说法认为，这两种鸟统称维鸟，是青色鸟、黄色鸟聚集在一起的混称。

丈夫国

丈夫国在维鸟北，其为人衣冠带剑。

丈夫国在维鸟的北面，这里的人都穿衣戴帽，佩带宝剑。

丈夫国里的人个个都是威武的大丈夫，且彬彬有礼。丈夫，谓男子，那么女主人呢？答案是：无。按郭璞注解，这是一个古老的故事：

殷帝太戊[1]使王孟采药，从西王母至此，绝粮，不能进，食木实，衣木皮，终身无妻，而生二子，从形中出，其父即死，是为丈夫民。

王孟奉命采药，然后粮食断绝，不得已艰难求生，生命要繁衍，使命还得完成，礼乐教化赓续不已。我们自古就有"独阳不生"的观念[2]，此时有阳而无阴，那生命如何繁衍呢？的确是个大问题。

这里简单补充一下。其一，主人公王孟，一作"王英"，虽然名字此时显得不那么重要。其二，"从形中出"，似不具体，有的版本作"从背胁间出"，有的作"从背间出"。大丈夫"生"孩子的模式，叙述者特意点出来，很关键，如此叙事彰显出事理逻辑的完整和自洽。

模式的背后是哲学沉思——感通：

阴有偏化，阳无产理。

1.太戊：商代国君，又作"大戊""天戊"，商代称之为"太宗"，任用伊陟、巫咸治理国政。

2.《穀梁传·庄公三年》："独阴不生，独阳不生，独天不生，三合然后生。"

丈夫之国，王孟是始。

感灵所通，桑石无子。

——郭璞《图赞》

郭璞这里的赞语，言简意赅，集中表达了对"丈夫生子"的哲思。桑树、石头本无生子之可能，但感应神灵，通达了，空心的桑树里可诞生出商汤时的大臣伊尹，而夏后启能从大石头破开处"蹦"出来。关键词是"感通"。无怪乎《周易》之下经第一卦即为《咸》卦。咸，有感义，"天地感而万物化生"（《周易·咸·象传》）。

女丑之尸 | 原 文

女丑[1]之尸，生而十日[2]炙杀之。在丈夫北。以右手鄣[3]（zhàng）其面。十日居上，女丑居山之上。

这里有一具女丑的尸体，她生而不幸，被天上的十个太阳炙烤而死。

"炙"之篆文作灸，从火，从肉，会火上烤肉之意，本义为用火烤肉。《诗经·小雅·瓠叶》："有兔斯首，燔之炙之。""炙"在这里引申为曝晒。大暑之时，烈日当空，直如火烤一般，何况是天上再增加九个太阳，一起加热呢！人有共情通感之能，经文中的"杀"字可谓直击人心。

尸体就在丈夫国的北面。死时，她用右手遮住了自己的脸。十个太阳高高挂在天上，女丑的尸体就横卧在那山顶之上。

1.女丑：或说女巫。

2.十日：谓天上的十个太阳。

3.鄣：同"障"，遮蔽。

巫咸国

原文

> 巫咸国在女丑北，右手操青蛇，左手操赤蛇。在登葆山，群巫所从上下也。

巫咸，颇具盛名，是传说中的大巫。这里的巫咸，则是一个由"巫"组成的共同体。

巫咸国在女丑的北面，这里的人右手握着一条青蛇，左手握着一条赤蛇。有座登葆山，巫师们从那里上达天庭，下抵人间。

从那里上上下下，巫师们在忙乎什么呢？显然不是为了人神之间的信息传递和数据流通。按郭璞注解，他们是因采药而往来："采药灵山，随时登降。"（《图赞》）

并封

原文

> 并封在巫咸东，其状如彘，前后皆有首，黑。

并封在巫咸国的东面，这种怪兽的样子像普通的猪，却前后都长有脑袋，通体是黑色的。

郭璞那个时代有"弩弦蛇"，即两头蛇的记载。《尔雅·释地》记载有"枳首蛇"。枳，通"枝"，歧出；枳首，即歧首，两个脑袋。郭璞注解说："或曰今江东呼两头蛇为越王约发，亦名弩弦。"这种怪兽，大概类似于两头蛇。

按郭璞之见，可以与两个头连在一个身体上的并封相对的是"龙过"。龙过，或称龙飞过，是一种无首的怪兽："龙过无头，并封连载。"（《图赞》）外物的形状真是千差万别，这个道理怎么讲，才能讲得通呢？

女子国 | 原 文

女子国在巫咸北，两女子居，水周之。一曰居一门中。

女子国在巫咸国的北面，有两个女子居住在这里，四周有水环绕着。
另一种说法认为，她们居于一道门中。

《淮南子·地形训》记载有"女子民"，高诱注解说，女子民从面貌上看没有胡须，皆如女子也。说得不清不楚，如女子，就是在某些方面一定还不是女子！

女子国，我们通常的理解是这里只有女子，没有男子。还是老问题，孤阴则不生，天地不以阴阳感通合和，生命之光如何传递下去？

没有异性的参与而女子怀妊诞子，有两个经典叙事：一是简狄，吞食了玄鸟的卵而生下殷商的始祖契；一是姜嫄，踩了巨人的脚迹而生下周族的先祖弃。与此相仿，我们来看一下郭璞在此处的注解：

有黄池，妇人入浴，出即怀妊矣。若生男子，三岁辄死。

生男孩都在三岁时死掉，推论是：若生女孩，就可以活下去。如此，假以时日，这里自然就形成了"女子国"。

轩辕国 | 原 文

轩辕之国在此穷山之际，其不寿者八百岁。在女子国北，人面蛇身，尾交首上。

轩辕国在穷山的边上，这里即便是不长寿的人，也能活八百岁。
轩辕国在女子国的北面，这里的人都长着人的面孔、蛇的身子，尾巴盘绕在头顶上。

穷山

原文

穷山在其北，不敢西射，畏轩辕之丘。在轩辕国北。其丘方，四蛇相绕[1]。

穷山在轩辕国的北面，这里的人拉弓放箭不敢向西方射，因为他们敬畏轩辕丘——黄帝的威灵在此。

按照此处的叙事脉络，正因为有轩辕黄帝——一个高高在上的存在，"不敢"的逻辑方能自洽。这是需要我们特别留意的，事关本书文字结撰的大逻辑。也就是诸国虽在海外，但权力秩序却是一以贯之的。

轩辕丘位于轩辕国的北面，这个丘呈方形，被四条大蛇交相围绕着。

关于轩辕丘的具体位置，传世文献的诸多记述基本属于"乱战"的状态。这种混乱或乖违，正提醒我们不可太当"真"：文本世界有传闻异说纷然杂陈的特点，和现实世界的丁是丁，卯是卯还是应该区别开来。

沃野

原文

此诸天之野[2]，鸾鸟自歌，凤鸟自舞；凤皇[3]卵，民食之；甘露[4]，民饮之：所欲自从也。百兽相与群居。在四蛇北。其人两手操卵食之，两鸟居前导之。

有个叫沃野的地方，鸾鸟在这里自由自在地歌唱，凤鸟在这里自由自在地舞蹈。凤凰

1.相绕：缭绕纠缠。
2.此诸天之野：此，为衍文；天，当作"沃"，《大荒西经》有"沃之野"。
3.凤皇：凤凰。
4.甘露：甘美的露水。

生下的蛋，这里的居民拿来食用；天上降下的甘露，这里的居民拿来饮用：凡是他们所想要的，都能随意得到。

鸾和凤，自古以来，无论是圣贤还是平头百姓，都认为是美瑞、祥瑞。它们的蛋，即便有，也必定极为珍贵稀有，必须特级保护，在今天，我们哪里敢像沃野之地的人们一样敢吃敢当。

甘露，今天我们有纯净水、矿泉水、雪山水、天然水……确实想品尝何为甘露，何为甘洌甜美！三国魏曹植有《甘露讴》：

> 甘露以降，蜜淳冰凝。
> 观阳弗晞，琼爵是承。

甘露，意在甘美，若是太甜，反倒不是"正味"了。正如上等的泉水，干净清洌，常以"寒泉"称之，而不会有芳香或香甜的单一味道。其实，甘露超乎口感之外，代表的是一种天地至德，政通人和。正如《老子》所言："天地相合，以降甘露，民莫之令而自均。"

这里的"沃野"是一片乐土，正如郭璞注解所言："滋味无所不有，所愿得自在。"我们现代人又何尝不希望拥有这一方沃野呢！

这里的各种野兽与人一起居住。

沃野在四条蛇的北面，这里的人用双手捧着凤凰蛋吃，有两只鸟在前面引导着。

龙鱼

原 文

　　龙鱼陵居在其北，状如狸[1]。一曰鰕（xiā）。即有神圣[2]乘此以行九野[3]。一曰鳖鱼在夭野北，其为鱼也如鲤。

　　龙鱼——能在山陵上栖居，也能在水里生存——生活在沃野的北面，样子像一般的鲤鱼。

　　此外，郭璞在注解中还列出了一种说法，龙鱼像狸之类的走兽，只长了一只角。一角，显示出龙鱼的神异。

　　另一种说法认为龙鱼像鰕鱼。

　　鰕，是体形大的鲵鱼。鲵，即俗称的娃娃鱼。

　　有神巫骑着龙鱼，在广大的原野之上遨游。
　　还有一种说法认为，鳖鱼在沃野的北面，这种鱼的形貌特征与鲤鱼也很相似。

白民国

原 文

　　白民之国在龙鱼北，白身被发[4]。有乘黄，其状如狐，其背上有角，乘之寿二千岁[5]。

　　白民国在龙鱼的北面，这里的人都有白皙的皮肤，并且披散着头发。

1.狸：当为"鲤"。
2.有神圣：或作"有神巫"。
3.九野：按郭璞注解，即九域之野，九表多，有广大之意。
4.被发：发不束，披散着。
5.二千岁：或作"三千岁"。

白民国还会出现在后面的《大荒东经》中。白民，按郭璞注解，谓"人体洞白"，通透彻底的白，头发想必也是白的。为何如此"白"呢？古人编织出自己的故事，进行强有力的解释：

> 白氏国人白如玉，国中无五谷，惟种玉食之。（《清代笔记小说大观》引《湘烟录》）

这个白氏国与白民国之间的关联，我们尚不能确定。但白民之"白"的缘由，可借助白氏国推想一下。

有一种野兽叫作乘黄，形貌像狐，但脊背上长有两只肉角。人要是骑上它，就有两千岁的寿命。

如狐，是外在的状貌，实际上有可能是有青黑色花纹的骏马——骐。

能让人长生不老，如此看来，乘黄称得上无比珍奇的"骏马"。后人又增饰说，黄帝乘之而升仙——名字虽还是乘黄，但已是龙翼而马身。或许唯有这样，乘坐起来才更体面、更舒服吧。若真是狐身，倒显得小样了。

"乘之寿二千岁"，清代学者毕沅的解读别开生面：所谓寿二千岁，不是说乘坐的主体——人能活到两千岁，而是指乘黄已经两千岁了，是它活得够长够久了。如此释读未尝不可，只是把神兽的"魅力"减损了大半。

肃慎国 ｜ **原 文**

肃慎之国在白民北。有树名曰雄[1]常，先入伐帝，于此取之。

1.雄：或作"雒"（luò）。

肃慎国在白民国的北面。

肃慎，作为古族名，在传世文献中多有记载，亦作"息慎"（《史记》）或"稷慎"（《逸周书》）。此族人居长白山北，东濒大海，北至黑龙江中下游，主要从事狩猎活动。在周武王、成王时，曾以"楛矢石砮"纳贡，以示臣服。

肃慎国有一种树，名叫雄常树，每当中原地区有圣明的天子继位，这里的人就取雄常树的树皮制成衣服。

按郭璞注解，肃慎之俗是不穿衣服，不像中原地区乃衣冠文物之邦。当居天下之中的国家在圣帝代立时，雄常木似有感应，开始生长，树皮可为衣裳。正如郭璞在《图赞》中所言："雄常之树，应德而通。"

其实，让一位帝王施行所谓的"德政"，持之以恒，并不容易。这里以"雄常"为名的树，叙述者似乎在围绕着它讲一个故事，说明一个道理，内在的意趣莫不是在对帝王进行宣导、感召和劝诱？

《大荒北经》对肃慎国亦有叙及，详后。

长股国　原　文

长股[1]之国在雄常北，被发。一曰长脚。

长股国在雄常树的北面，这里的人都披散着头发。另一种说法认为长股国叫长脚国。

《淮南子·地形训》记载有"修股民"，或即此长股国人。《竹书纪年》记载："五十九年，贯胸氏来宾，长股氏来宾。"来宾，即前来宾服，向黄帝朝贡。

按郭璞注解，长股国在赤水东。郭璞还做了一个推论：

1.股：大腿。膝盖以上为股，膝盖以下为胫。

国在赤水东也，长臂，人身如中人，而臂长二丈。以类推之，则此人脚过三丈矣。

如此，又名"长脚"，恰如其分。郭璞接下来又说，有的人认为长脚人经常背负着长臂人，入海中捕鱼。大海足够宽广，长脚和长臂配合，长度是够了，只是不知速度和灵巧度如何，更不知捕鱼的"战果"如何。

长脚国，或曰"有乔国"，这里的"乔"，有高大之意。

长股、长脚，让郭璞还想到了高跷。高跷的历史很悠久，表演者双足踩着木跷，高高的，挥舞着长长的衣袖，鲜艳的服饰老远都能看得见。人人都希望站得高，看得远，实际一点是视野更广阔了，务虚一点是眼光和见识，"闭户塞意，不高瞻览者，死人之徒也哉"（王充《论衡·别通》）。或许这些古老的表演形式，在历史的远端，与神奇的长股、长脚先民有取象、模仿的联系。

蓐收 | 原文

西方蓐（rù）收，左耳有蛇，乘两龙。

西方的蓐收神，左耳上有一条蛇，乘驾着两条龙飞行。

西方之神蓐收，按郭璞注解，是人面、虎爪、白毛，执钺[1]。蓐收的这一形象，曾出现在一位国君的梦中：

虢公梦在庙，有神人面白毛虎爪，执钺立于西阿……觉，召史嚚（yín）占之，对曰："如君之言，则蓐收也，天之刑神也……"（《国语·晋语》）

1.钺：古代兵器，亦是刑具，形似大斧，有穿，安装长柄，圆刃，可砍劈。

蓐收出现在虢公的梦境中，还在宗庙内，虢国的太史史嚚认为，蓐收是主刑杀的天神，其降临一国之君梦中当然不是什么好事。

屈原在《楚辞·远游》篇中叙写诗人的神游，描绘精魂在天上的"远游"，其中有：

> 凤皇翼其承旂兮，遇蓐收乎西皇。

旂，谓上画交龙，竿头系铃的旗。凤凰的彩色羽翼连接着旗帜啊，在西方天帝那里遇到了蓐收。若梦想成真，或是梦境如真，想必屈原见到的蓐收，模样亦如此：人面、虎爪、白毛，执钺。

西方属秋，秋天万物肃杀，万物摧折，刑杀由此与这个季节相配；又五色之中，白配属西方；天上西方七个星宿，又组成虎象，故而又有"左青龙，右白虎"之说。蓐收的形象，其实是传统文化给出的一个镜像。

以上为《海外西经》，整体上可视为第七篇。

卷八

海外北经

原　文

海外自东北陬至西北陬者。

海外从东北角到西北角的国家区域、山丘河川、动植风物等，分别如下。

无脊国

原　文

无脊[1]（qǐ）之国在长股东，为人无脊。

无脊国在长股国的东面，这里的人"无脊"。

无脊，该当何讲？先来看郭璞对无脊国人的注解描述：

其人穴居。食土，无男女，死即埋之，其心不朽，死百廿[2]岁，乃复更生。

这里的"男女"，谓男女两性之事。穴居生活，总体是在黑暗中求光明，以吃土为生，生活并不绚烂缤纷，又无男女之事，却因"心"之不朽，在死后的漫长岁月中仍可复生，最终以"浪漫"的方式完成了生命的赓续。

脊，或作"启"，或作"继"。《淮南子·地形训》记载有"无继民"。高诱注云："无继民，其人盖无嗣也。北方之国也。"诚然，如此理解"无脊"，大可，毕竟与郭璞注解的内容一致，文意气脉都很通畅。

单就"无脊"二字而言，还是理解为小腿肚很瘦弱，乃至干枯，较稳妥。

1.脊：腓（féi）肠，胫后肉，俗称"小腿肚"。
2.廿：二十。

钟山

原 文

钟山之神，名曰烛阴，视为昼，瞑为夜，吹为冬，呼为夏，不饮，不食，不息[1]，息为风，身长千里。在无睿之东。其为物，人面，蛇身，赤色，居钟山下。

钟山的山神，名叫烛阴，他睁开眼睛便是白昼，闭上眼睛便是黑夜；一吹气即为寒冬，一呼气即为炎夏。他不喝水，不吃食物，不呼吸，一呼吸就生成风，身子有千里长。

为何名叫"烛阴"？

根据描述，此神为烛龙，"是烛（照亮）九阴（冥暗）"，由此而得名。至于为何能带来光明，这与"烛龙"另外的叙事版本有密切关系：烛龙要么是驾日，要么是口中衔有烛或珠，由此能照耀天下。

这位烛阴神在无睿国的东面。他长着人的面孔、蛇的身子，全身赤红色，居住在钟山脚下。

古人认为，天不足西北，那里是有残缺的，太阳照耀不到，月亮铺洒不到，没有阴阳消息，幽暗至极。正因有赤红色的烛阴神的存在，他衔来了"火精"，让九阴之地有了光明。正如郭璞在《图赞》中赞叹的："身长千里，可谓至灵。"至灵，又作"至神"。

阳之精气曰神，阴之精气曰灵。

烛阴，开辟昼夜，区别冬夏，既是神，又是灵。

一目国

原 文

一目国在其东，一目中其面而居。一曰有手足。

1.息：按郭璞注解，谓气息，犹一呼一吸之气。

一目国在钟山的东面，这里的人只有一只眼睛，长在脸的中间。

《淮南子·地形训》记载有"一目民"。《山海经》一书中，天上飞的鸟，地上走的兽，水里游的鱼，或者是跨界的神怪，皆有"一目"的，比如一翼一目的蛮蛮鸟，一目而蛇尾的蜚兽，预兆天下大旱的一目薄鱼，等等。

一目，即独目，在《大荒北经》《海内北经》中还有叙及，详后。

无妨跳脱开来：造字的仓颉，传说是四目；大音乐家师旷，则是盲人。相较而言，一目不算多，也不嫌少，关键是能否穿透大千世界的表象而有所洞见！哪怕这只眼睛是"借"来的。例如在古希腊悲剧《俄狄浦斯在科罗诺斯》中，索福克勒斯笔下的俄狄浦斯为"赎罪"而刺瞎了自己的双眼，在经历了近二十年的漂泊后，得以善终。一个盲人漂泊四方，并能幸福地死去，主要靠女儿安提戈涅的陪伴。正如俄狄浦斯所言："这女孩儿的眼睛既为她自己又为我看路。"不幸的俄狄浦斯失去了双眼，而又幸运地"多了一只眼睛"——安提戈涅的眼睛。安提戈涅看到的是虔敬的人在此世总是不幸，她深信父亲是无辜的，他的过失应该得到宽容。

一曰有手足，此五字或当为衍文。

柔利国 ｜ **原 文**

> 柔利国在一目东，为人一手一足，反郄[1]，曲足居上。一云留利之国，人足反折。

柔利国在一目国的东面，这里的人只有一只手、一只脚，膝盖反着长，脚弯曲朝上。

《庄子》《淮南子》中多记述有"畸人"的形象，他们以超常规的方式脱离了人的形体，却有可贵的"齐天""志道"的精神。

另一种说法认为柔利国叫留利国。

1.郄：同"膝"。

柔和留，两字声相近。这是从音韵训诂的角度来看这两个名字之间的关系。

这里的人，脚是反折着的。

《淮南子·地形训》记载的海外三十六国中有"柔利民"。杂技表演中有所谓的"柔术"，肢体弯曲缠绕，看着让人惊叹，甚至揪心、心疼。此段文字中的"人足反折"，想一想，脚反向卷曲，卷曲太甚，那不就跟折断了一样嘛。

相柳氏

原文

共工之臣曰相柳氏，九首，以食于九山。相柳之所抵[1]，厥[2]为泽溪。

禹杀相柳，其血腥，不可以树五谷种。禹厥之，三仞三沮，乃以为众帝之台。

在昆仑之北，柔利之东。

相柳者，九首人面，蛇身而青。不敢北射，畏共工之台。台在其东。台四方，隅[3]有一蛇，虎色[4]，首冲[5]（chòng）南方。

天神共工的臣子叫相柳氏，有九个脑袋，九个脑袋分别在九座山上吃食物。相柳氏抵达之处，都会被掘成沼泽和溪流。

大禹杀死了相柳氏，他的血流经的地方都会发出腥臭味，不能再种植五谷。

五谷，五种谷物，古人有多种说法，或谓麻、黍、稷、麦、豆，或指稻、黍、稷、

1.抵：到达。
2.厥：通"撅"，挖掘。
3.隅：角落。
4.虎色：犹老虎皮毛的色泽纹理。
5.冲：对着，向着。

麦、菽，或说稻、稷、麦、豆、麻，这里可宽泛地理解为田地里生长的庄稼。

大禹挖填这块地方，"三仞三沮"。

三，表示多；仞，通"牣"，有充满之意；沮，败坏，这里有陷落之意。多次填满了，多次塌陷下去。

于是大禹便用挖掘出来的泥土为众多帝王修造了帝台。

众帝，按《海内北经》的叙述，包括帝尧、帝喾、帝丹朱、帝舜等传说中的上古帝王。

帝台在昆仑山的北面，柔利国的东面。
这个相柳氏，有九个脑袋，长着人的面孔、蛇的身子，通体青色。
射箭的人不敢向北方射，因为敬畏共工威灵所在的共工台。共工台在相柳氏的东面，台是四方形的，每个角上都有一条蛇，蛇身上的斑纹与老虎的相似，蛇头向着南方。

深目国　

深目国在其东，为人举一手一目[1]，在共工台东。

深目国在相柳氏的东面，这里的人总是举起一只手。

《淮南子·地形训》记载的海外三十六国中亦有"深目民"。
从"深目国"的名字来看，此国之民的最大特征当是"深目"。按郭璞注解，深目民亦是胡族，具体如何，则付诸阙如。
《大荒北经》亦叙及深目国，详后。

1.一目：按郭璞注解，作"一日"，应连下读。

另一种说法认为，深目国在共工台的东面。

无肠国 ｜ 原 文

无肠之国在深目东[1]，其为人长而无肠。

无肠国在深目国的东面，这里的人身材高大，肚子里却没有肠子。

《淮南子·地形训》记载有"无肠民"。腹腔之内没有肠子，那就如郭璞注解所言，吃下去的食物径直就通过了。《神异经》记载有：

> 有两耳而不闻，有人知往。有腹无五脏，有肠直而不旋，食物径过。

五脏，这里泛指内脏。这里的人没有五脏六腑，肚皮就像个大口袋。

肠，消化道的一部分，有小肠、大肠之分。小肠上接幽门，与胃相通，下连大肠，承接胃消化过的食物，进行再消化，有"受盛之官"之称。

大肠上接阑门，与小肠相通，下连肛门（包括结肠和直肠）。大肠接纳小肠下注的消化物，吸收剩余的水分和养料，使之形成粪便，传送至肛门，排出体外，有"传导之官"之称。

既然没有肠，不能通过它来吸收营养，为何这里的人还人高马大呢？最起码在叙事的完整性上，或者说逻辑上，确实有一个"缺口"。

这样一个"缺口"，一位学化学的人士是这样"补"上的：无肠国的人并非无肠，他们本身就是一根大肠子——好比做化学实验用的试管。经文说他们"为人长"是有道理的，他们必须长得很长，如此才能利用自己长长的身体，也就是肠子，去慢慢地、充分地吸收营养。

1.东：一作"南"。

聂耳国

原 文

聂[1]（shè）耳之国在无肠国东，使两文虎，为人两手聂其耳。县[2]（xuán）居海水中，及水所出入奇物。两虎在其东。

聂耳国在无肠国的东面，这里的人正驱使着两只花斑大虎。

聂，或作"耼"。《说文》："耼，耳大垂也。"耳朵大，下垂至肩。

聂耳国的人在行走之时，都用两只手托着自己的大耳朵。

"两手聂其耳"中的"聂"，郭璞以"摄持"两字来解释。摄，有引持之义；持，即以手握住。大耳朵，软塌塌的，一呼扇一呼扇的，不"摄持"好了，人肯定是走不出铿锵有力的步伐的。

聂耳国孤悬于海水环绕的岛屿上，所以在这里能看到出入海水的各种怪物。
有两只老虎在聂耳国的东面。

这里的"两虎"，即上文的"两文虎"。想必原来的图画上就是如此布局的。原来的图画已不可见，仅剩下此说明性的文字，有时难免有不甚了了之感。

夸父

原 文

夸父与日逐走，入日。渴欲得饮，饮于河渭，河渭不足，北饮大泽。未至，道渴而死。弃其杖，化为邓林。

1.聂：通"摄"，握持。
2.县：通"悬"，无所依倚，这里有孤处之意。

神人夸父与太阳相争相竞，追逐着，奔跑着。

逐，或作"竞"。逐，从辵，从豕，是一个很有趣的会意字，甲骨文作 𧺆，金文作 𧺆：大猪在前面跑，人在后面追赶。当然，除了"豕"之外，还有犬、鹿等，如 𧺆 𧺆。从字的整体构形而言，前面跑的是什么不那么重要了，所会之意皆为追赶。《说文》："逐，追也。"又可引申为争竞追逐。

"竞"（競）之甲骨文作 𧶠，像两人前后相随，头上似有饰物，会相追逐之意；金文作 𧶠 𧶠，与甲骨文相似，仍从二人，只不过头饰形状更加繁复。竞，有角逐、比赛、互相争胜的义涵。走，跑，疾趋。

夸父之"逐"日，更突显高悬的"日"，在前，是一个异质的存在；竞日，则夸父和太阳两者更为均等，同场争胜。

一直追到太阳快落山时——几乎就要追上了。

入日，或作"日入"，太阳西下，落山，按郭璞注解，"及于日将入"。

夸父很渴，想要喝水，于是喝黄河和渭河中的水。

河，黄河；渭，渭河。渭河，乃黄河最大的支流，在潼关附近注入黄河。

喝完了两条河中的水还是不解渴，又打算向北去喝大泽中的水。

口渴，首先是喝河水，水量满足不了，又转向北方的大泽——《海内西经》和《大荒北经》都叙写到"大泽"，群鸟在大泽之中生息。北方属水。《庄子》开篇第一句就是"北冥有鱼"。北冥，北方幽黑的大水，或称之为天池，或名之曰大海大泽。

夸父还没赶到那里，就渴死在半路上了。

半路之上却渴死了。郭璞此处的注解，情感溢于言表，无妨品读一下：

> 夸父者，盖神人之名也。其能及日景而倾河、渭，岂以走饮哉，寄用于走饮耳。

几乎不疾而速，不行而至者矣。此以一体为万殊，存亡代谢，寄邓林而遁形，恶得寻其灵化哉？

郭璞的感叹，好比我们替《西游记》中的美猴王着急，为何到了取经路上，就老是打不过那些大妖小怪呢？

"走饮"或许即夸父的存在方式，也注定了他的命运归宿。

夸父死时抛掉的那根拐杖，化成了邓林。

邓林，即桃林。

"余迹寄邓林，功竟在身后"（陶渊明《读〈山海经〉十三首（其九）》）。夸父之事迹，《山海经》叙述得直劲有力，不刻意，不造作，不装腔作势。简短明了的叙述，极富震撼力，先民在质朴高古的叙事中，彰明的是人类命运的一个隐喻。三国魏诗人阮籍即此而感发的是玄远的哲思，"存亡从变化，日月有浮沉"（《咏怀八十二首（其二十二）》）。如何去解读，如何去评定，关系到对个体生命价值的判定。也有人不认可夸父的宏大心志，批评他空有其勇，智未足言，最终身死而杖徒弃。大家无可否认的是，夸父逐日引发的共鸣和争鸣是深切而长久的。

《大荒北经》对夸父的前世今生以及追日之事，还有不同视角的叙写，详后。

博父国　　**原文**

　　博父国在聂耳东，其为人大，右手操青蛇，左手操黄蛇。邓林在其东，二树木。一曰博父。

博父国在聂耳国的东面，这里的人身材高大，右手握青色的蛇，左手握黄色的蛇。

《说文》："博，大通也。"博父，即大人。或谓博父，即夸父，此国或即夸父后裔所在地。

邓林在博父国的东面，这树林其实是由两棵大树逐渐形成的。

另一种说法认为，夸父国就叫博父国。

禹所积石山

原 文

禹所积石之山在其东，河水所入。

禹所积石山在博父国的东面，这里是黄河流经的地方。

《尚书·禹贡》篇有："导河积石，至于龙门。"河道时有壅塞，传说大禹疏通积石山而导引黄河水流过，一直开凿到龙门山。此处的积石山为昆仑山脉中支，古人称之为大积石山，黄河绕流它的东南侧而过。

经文中的积石山，当为小积石山，相对来说更靠近中原地区。

拘缨国

原 文

拘缨之国在其东，一手把缨。一曰利缨之国。

拘缨国在禹所积石山的东面，这里的人常用一只手托着脖颈上的囊状大肉瘤。

缨，或作"瘿"（yǐng），即颈瘤，一种长在脖子上的肉瘤，如囊状。瘿病，又称大脖子病、气瘿。

另一种说法认为，拘缨国叫作利缨国。

寻木

原文

寻木长千里，在拘缨南，生河上西北。

寻木树有一千里长，在拘缨国的南面，生长在黄河岸上的西北方。

郭璞在《图赞》中对"寻木"踵其事而增其华，铺陈夸张中内含颂美之意，我们无妨来欣赏一下：

渺渺寻木，生于河边。
竦枝千里，上干云天。
垂阴四极，下盖虞渊。

竦枝，或作"疏枝"，谓高耸的枝杈。树荫覆盖到四方极远之地，甚而掩蔽住太阳入山的地方。

跂踵国

原文

跂[1]（qǐ）踵国在拘缨东，其为人大，两足亦大。一曰大踵。

跂踵国在拘缨国的东面，这里的人身材高大，两只脚也非常大。

《淮南子·地形训》记载有"跂踵民"。按高诱注解，跂踵，就是脚踵不着地，用五个脚指头行走。

另一种说法认为跂踵国叫大踵国。

1.跂：通"企"，踮起。

大踵，一作"反踵"，脚尖和脚跟是反向的，好比其人南行，而脚指头的方向却是朝北的。

欧丝野　　原 文

欧丝之野在大踵东，一女子跪据树欧丝。

欧，同"呕"，吐。欧丝，即桑蚕吐丝。欧丝之野，犹养蚕之地。

欧丝野在大踵国的东面。

经文首先说明了相对位置关系。

"一女子跪据树欧丝"，此句似在描述画面上的一个具体场景。跪，两膝着地，臀部抬起，腰部伸直，似有叩拜之意；据，倚靠。《庄子·德充符》有"倚树而吟，据槁梧而瞑"，这里的"据"，与"倚"同义。

一个女子跪坐凭依桑树，一边吃桑叶，一边吐出丝。

一个女子的形象，作为视觉中心，像蚕宝宝似的。这大概是图画上的样态。

三桑树　　原 文

三桑无枝，在欧丝东，其木长百仞，无枝。

有了桑女，就该有桑树了。

三桑树没有枝条，在欧丝野的东面。这种树高达百仞，却不生长树枝。

《北山经》的洹山曾叙及三桑树。

范林　　原文

范林方三百里，在三桑东，洲环其下。

范，通"汎"；汎，同"泛"。

范林方圆三百里，在三桑树的东面。

洲，水中可居人或物的小块陆地，这里指水中的沙洲。

有沙洲环绕在范林的下面。

前文已叙及范林方圆三百里。

这里的"范林"，与后文《海内北经》中昆仑虚南的"氾林"同名，但所指不一。那里谓林木广布，这里广泛分布的林木则生长在西北海中的浮土之上。

务隅山　　原文

务隅之山，帝颛顼葬于阳，九嫔葬于阴。一曰爰有熊、罴、文虎、离朱、鸱久、视肉。

有一座务隅山，颛顼帝就埋葬在它的南面，九嫔埋葬在它的北面。

颛顼，上古帝王，号高阳氏，相传为黄帝之孙；九嫔，谓颛顼的九个妃嫔。

务隅，《大荒北经》中作"附禺"，《海内东经》中作"鲋鱼"，声相近，字相通。至于说颛顼帝的冢，按郭璞注解，一说在晋时的濮阳，一说在顿丘县城门外广阳里中。

另一种说法认为，这里有熊、黑、花斑虎、离朱、鸱鹋、视肉。

这些东西已经出现在《海外南经》中，有可能是帝冢墟前的装饰物件。

平丘 | 原 文

平丘在三桑东。爰有遗玉、青鸟、视肉、杨柳、甘柤（zhā）、甘华，百[1]果所生。有两山夹上谷，二大丘居中，名曰平丘。

平丘在三桑树的东面。

平丘，《淮南子》一书中作"华邱"，高诱注解说，这里的人不知言语。

这里有遗玉、青鸟、视肉、杨柳、甘柤树、甘华树，是各种果树生长的地方。

遗玉，玉石之类；青鸟，或为"青凫"，一作"青马"；甘柤，传说中的树木，按郭璞注解，枝干为赤红色，开黄色的花，叶子是白色的，果实是黑色的，或当为甘栌；甘华，传说中的树木，按郭璞注解，枝干为赤红色，花为黄色，《大荒南经》中的盖犹山亦有叙及。

1.百：这里表多，非实指。

在两座山相夹的一道山谷上，有两座大丘居处其间，叫作平丘。

騊駼 | 原 文

北海内有兽，其状如马，名曰騊（táo）駼（tú）。有兽焉，其名曰駮（bó），状如白马，锯牙，食虎豹。有素[1]兽焉，状如马，名曰蛩蛩。有青兽焉，状如虎，名曰罗罗。

北海内有一种野兽，形貌像一般的马，名叫騊駼。

根据读音，騊駼与橐驼相近，莫非是一种驼类？当然，这只能算是一种揣测。

据《史记·匈奴列传》记载："匈奴……居于北蛮，随畜牧而转移。其畜之所多则马、牛、羊，其奇畜则橐驼、驴、骡、驶騠、騊駼、驒（tuó）騱（xí）。"騊駼，似马而青，属于"奇畜"，即奇异的牲畜，生长在北方的蛮夷地区。郭璞在《图赞》中叙写道：

騊駼野骏，产自北域。
交颈相摩，分背翘陆。[2]
虽有孙阳，终不能服。

郭璞把騊駼看作野马，构画出它们颈与颈相互依摩的亲昵情景和背对背举足跳跃的怒怼场面。或许，古代最厉害的相马者、御马者孙阳，即我们熟知的伯乐，终不能将它们驯服。

又有一种野兽，名叫駮，形貌像白色的马，长着锯齿般的牙齿，能吃老虎和豹子。

1.素：或当为"青"。
2.摩：触摸；翘：扬起；陆：跳跃。《庄子·马蹄》有："喜则交颈相靡，怒则分背相踶。"

又有一种白色的野兽，形貌像马，名叫蛩蛩。

按郭璞注解，此种异兽善于奔跑，一行可百里。

还有一种青色的野兽，形貌像老虎，名叫罗罗。

禺彊　| **原　文**

北方禺彊（qiáng），人面鸟身，珥[1]（ěr）两青蛇，践两青蛇。

北方的禺彊神长着人的面孔、鸟的身子，耳朵上穿挂着两条青蛇，脚底下践踏着两条青蛇。

禺彊，亦作"禺强"，海神名。按《大荒东经》记载，黄帝生禺䝞，禺䝞生禺京。禺京，即禺彊。

北方在五行中属水，由此禺彊为北方神，称水神，又名玄冥。

以上为《海外北经》，整体上可视为第八篇。

1.珥：用珠玉制成的耳饰，这里用作动词，穿挂悬于耳。

卷
九

海外东经

原 文

海外自东南陬至东北陬者。

海外从东南角到东北角的国家区域、山丘河川、动植风物等，分别如下。

嵯丘

原 文

嵯（jiē）丘，爰有遗玉、青马、视肉、杨柳[1]、甘柤[2]、甘华，百果所生。在东海，两山夹丘，上有树木。

一曰嗟丘。一曰百果所在，在尧葬东。

嵯丘，这里有遗玉、青马、视肉、杨柳、甘柤树、甘华树。

嵯，按郭璞注解，音"嗟"，或作"发"。

结出甜美果子的树都生长在这里。

在东海，两座山夹着一座丘，丘上有树木。另一种说法认为，嵯丘就是嗟丘。还有一种说法认为，各种果树所存在的地方，在尧帝葬埋之地的东面。

按《海外南经》记载，尧葬在了狄山。嵯丘起自东南角，故而当在狄山以东。

1.柳：或作"桃"。
2.柤：或作"栌"。

大人国　｜　原　文

　　大人国在其北，为人大，坐而削船。一曰在□丘北。

大人国在尧帝葬埋之地的北面，这里的人身材高大，正坐在船上操弄船只呢。

从行文来看，上面一段文字似"看图说话"，就着图画进行描述。

削船，郭璞没有注解。或认为"削""梢"二字同音假借，"梢"有船尾之义，梢船就是操船弄舟；或以为"削"当读为"操"，两音相近。削船，无妨理解为操船，起码在文义上没有违和感。

另一种说法认为大人国在□丘的北面。

后文的《大荒东经》《大荒北经》，对"大人国"有提及叙写，详后。

《博物志》记载有"大人国"，描述更具体些，无妨来参照一下：

　　大人国，其人孕三十六年而生，生儿白头，长大，能乘云而不能走，盖龙类。去会稽四万六千里。

这里没有具体描述"大人"如何之"大"，我们只能去想象在远方的大人国的情形。类似这样的"大人"，在古书中还有不少。

奢比尸　｜　原　文

　　奢比之尸在其北，兽身、人面、大耳，珥两青蛇。一曰肝榆之尸在大人北。

奢比尸神在大人国的北面。

奢比，亦称奢龙，传说为黄帝之臣。奢比对东方熟悉明辨，故黄帝以之为土师。按郭璞注解，奢比尸，亦是神的名字。

奢比尸神长着野兽的身子、人的面孔，有着大大的耳朵，耳朵上穿挂着两条青蛇。

《大荒东经》亦叙及"奢比尸"，差异在一是"大耳"，一是"犬耳"。详后。

另一种说法认为肝榆尸神在大人国的北面。

君子国　原文

君子国在其北，衣冠[1]带剑，食兽，使二大虎[2]在旁，其人好让不争。有薰[3]华草，朝生夕死。一曰在肝榆之尸北。

君子国在奢比尸神的北面，这里的人都穿衣戴冠，腰间佩带着剑，以野兽为食，所使唤的两只花斑老虎就在身旁。他们为人喜谦让，不争斗。

《淮南子·地形训》记载说"东方有君子之国"，高诱在注解中特意强调了东方属木，有仁德，由此称君子之国。

据其他古籍记载，君子国出产五色凤凰，人人都是谦谦君子，好礼让，不争执；土地千里，但百姓多疾，由此蕃育不力，人口不多。

这里有一种薰华草——或为木槿，早晨开花，傍晚凋谢。

1.衣冠：穿衣戴冠，喻指文明教化。
2.大虎：一作"文虎"。
3.薰：或作"堇"，即槿。

盛开的花朵足够美时，即可拿来比拟心爱的姑娘。《诗经·郑风·有女同车》：

> 有女同车，颜如舜华。
> ⋯⋯⋯⋯⋯⋯
> 有女同行，颜如舜英。

舜，木槿。舜华、舜英，皆指木槿花。木槿夏秋开花，花呈钟形，有红、白等色，朝开而暮落，故而唐代大诗人王维有"山中习静观朝槿"的诗句（《积雨辋川庄作》）。

另一种说法认为君子国在肝榆尸神的北面。

虹虹　　原　文

> 虹（hóng）虹在其北，各有两首。一曰在君子国北。

虹虹在奢比尸神的北面，各自有两个脑袋。

虹，"虹"的别体字。虹虹，即虹霓，俗称美人虹。虹成双出现，颜色鲜艳的为雄，称作虹；颜色暗淡的为雌，称作霓。

郭璞注云："虹，螮（dì）蝀（dōng）也。"螮蝀，又作蝃蝀。《诗经·鄘风·蝃蝀》：

> 蝃蝀在东，莫之敢指。

彩虹出现在东方的天空，人们都不敢用手去指一下。为什么呢？彩虹那么美！

虹，形声字，从虫，工声。"虹"之甲骨文作 🜚，象形，如虫，有两个脑袋，身躯拱起来，两个脑袋蜿蜒向下。据说，虹之两首，下饮江河之水。一句话，虹是个怪物，你还敢用手指头点点戳戳吗？它"咬"你怎么办！

战国时期，"虹"字曾写作 <!-- 蚕 -->，不从"虫"，上面写作"雨"了。从"虫"取的是形，从"雨"取的是成因，在今天看来虽未得究竟，但毕竟前进了一大步。汉代刘熙《释名》有："虹……又曰美人。阴阳不和，婚姻错乱，淫风流行，男美于女，女美于男，恒相奔随之时，则此气盛，故以其盛时名之也。"在《诗经》时代，彩虹的产生和出现，归因于人。因为世间有难以启齿的男女问题，出现了婚姻错乱，还成了气候。总而言之，虹代表的是淫邪之气，人们有所忌讳，由此不敢指指点点。

虹，在古人笔下可是一个两首怪物，能饮山涧之水，亦能降落在人家庭院。

蚕蚕，在《海经》中想必也该是特殊的，男男女女或也不敢对其指手画脚。

另一种说法认为蚕蚕在君子国的北面。

朝阳谷　原文

> 朝阳之谷，神曰天吴，是为水伯。在蚕蚕北两水间。其为兽也，八首人面，八足八尾[1]，皆青黄[2]。

在朝阳谷，有一个神明叫作天吴，即所谓的水伯。

朝阳之谷，看似简单，其实还有深意。《诗经·大雅·卷阿》：

> 凤凰鸣矣，于彼高冈。
> 梧桐生矣，于彼朝阳。

朝阳，谓山的东面。山东曰朝阳，山西曰夕阳。新的一天，初升的太阳照亮了高高的山冈，梧桐生长在那里，凤凰又栖息在梧桐上，鸣叫着——意境不可谓不和谐华美。

1.八尾：又作"十尾"。
2.皆青黄：或作"背青黄"。

谷，按《尔雅》的解释："水注溪曰谷。"面向初升的太阳，又有溪水在山涧流淌，这样一个"组合"，颇符合水伯的神理。

水伯居住在蚩蚩北面的两条水流中间，看起来是一种野兽，长着八个脑袋，每个脑袋都有着人的面孔，还有八只脚、八条尾巴，背部的颜色青中带黄。

《大荒东经》对"天吴"亦有叙写，详后。

青丘国 | 原 文

青丘国在其北，其狐四足九尾。一曰在朝阳北。

青丘国在蚩蚩的北面。

按郭璞注解，青丘国的人以五谷为食，以丝帛为衣服。按《吕氏春秋》和葛洪的《抱朴子》的记载，黄帝、大禹都曾来到东方的这个青丘国。

辞赋家们更愿意在自己的作品中铺张声势，说秋季田猎呀，就应当在青丘之地。想想，在遥远的海东之地，或纵横驰骋，或溜溜达达，确实潇洒又美满："秋田乎青丘，彷徨乎海外。"（司马相如《子虚赋》）

这里有一种狐，长着四只脚、九条尾巴。

九尾之狐，是异兽，又是一种祥瑞之兽，会在太平盛世出现。

夏禹有帝王之德，政事顺遂，人民和乐，世道清平，九尾白狐即主动造访，此即所谓的天降祥瑞。夏禹在涂山娶了妻子，大规模会合了诸侯。

《大荒东经》亦有"青丘国"。《南山经》的青丘山有如狐而九尾的食人怪兽，令人畏惧，而这里的九尾狐则是让人颂赞的。《吴越春秋·越王无余外传》道：

绥绥白狐，九尾厖厖。[1]

············

成家成室，我造彼昌。

相随而行的白狐，九条尾巴又粗又长，毛茸茸的；大禹和涂山女组成了家室，我们这里将永远昌盛。

另一种说法认为青丘国在朝阳谷的北面。

原　文

帝命竖亥[2]步，自东极至于西极，五亿十选[3]（ suàn ）九千八百步。竖亥右手把算，左手指青丘北。一曰禹令竖亥。一曰五亿十万九千八百步。

读到这里，我们终于可以尝试着去解决本书大量数据的来源问题。那个年代洪荒久远，没有统计局，却有神通广大的统计者。从文本叙事的角度而言，这段经文可谓意义重大。

天帝命令竖亥用脚步测量大地，从最东端走到最西端，是五亿十万九千八百步。

按郭璞注解，竖亥，是所谓的善行之人。这是可以理解的。想想，要实际测量，统计大地所有，必然天南海北的，不亲自走来走去，肯定是不行的。如此解释的话，是把"步"主要理解为步行测量我们栖息的这片土地。

"步"之甲骨文作　　，金文作　　，象形，左、右足，有时从"　"，表示在

1.绥绥：独行求匹偶的样子；厖（ máng ）厖：粗大。
2.竖亥：传说中的善行、健行之人。
3.选：表示数目，万。

路上行走。步，作为一个量词，左、右足各举一次为一步。这里的"步"有测步、测量之意。其实，"步"还有"推步"的意思，即推算，由已知推未知。这是必须提醒的，因为下面出现了古代的数学工具——算筹。只是步行记录计算，不知推理推算，那我们的竖亥就太"实诚"了。

还有，在《广韵》中，竖亥作"坚亥"，认为他是一个"神人"。

竖亥右手拿着算筹，左手指着青丘国的北面。

筹（suàn），古代的计算筹码，即算筹，多为竹木制成的小棒。古人以算筹为工具计数、列式，进行各种运算。西汉时期的算筹，长约十三厘米，直径零点二三厘米。

另一种说法认为是大禹命令竖亥测量大地。还有一种说法认为测量出五亿十万九千八百步。

数据的测量和统计问题，说是"解决"了，抛开具体数字，其实还有好多疑问，本书并没有给出解答。比如，竖亥测量统计了从东到西的距离，那从南到北呢？山的高度呢？方圆面积呢？

幸好，《淮南子》有些相关的记述，我们可以参照比读，堵住一些叙述上的"窟窿"。比如：

> 禹乃使太章步自东极，至于西极，二亿三万三千五百里七十五步。使竖亥步自北极，至于南极，二亿三万三千五百里七十五步。（《淮南子·地形训》）

具体数字，不算重要。太章和竖亥，受大禹之命，分别测量的是从东到西和从北到南的距离。东西和南北的距离有了，方有面积的计算。

从《淮南子》的记述来看，竖亥负责的工作是测量从南到北的距离。如果认为这里的说法"属实"，或以之为基点，即可解释经文中的"左手指青丘北"——既然负责南北工程，还是指北为好，否则说东道西不就"越界"了嘛。

黑齿国

原　文

黑齿国在其北，为人黑[1]，食稻啖蛇，一赤一青，在其旁。一曰在竖亥北，为人黑首，食稻使蛇，其一蛇赤。

黑齿国在青丘国的北面，这里的人牙齿是黑色的，以稻米为食，也吃蛇，一条红色的蛇和一条青色的蛇在他们身旁。

另一种说法认为黑齿国在竖亥所在地的北面，那里的人脑袋是黑色的，以稻米为食，能驱使蛇，其中的一条蛇是红色的。

黑齿国，亦出现在《后汉书》《三国志》等传世文献中。它的位置在倭国的东南方向，航海船行一年即可抵达。郭璞注引《异物志》的记载说："西屠染齿，亦以放[2]此人。"西屠，古族名，其族人用特殊的草将牙齿染成黑色。时至今日，有的民族部落仍以黑齿为美，这一风尚可谓源远流长。

《大荒东经》亦记载有"黑齿国"，姜姓，帝俊之后。《淮南子·地形训》记载的海外三十六国中有"黑齿民"。

汤谷

原　文

下有汤[3]（yáng）谷。汤谷上有扶桑[4]，十日所浴，在黑齿北。居水中，有大木，九日居下枝，一日居上枝。

"下有"二字，显然是就"上"而言的。原图画中的汤谷之上画的是什么，没有明确的文字说明，今已不知所指。

1.黑：或应作"黑齿"。
2.放（fǎng）：效也，仿效。
3.汤：一作"旸"。
4.扶桑：树木名。

下面是汤谷。

按郭璞注解，谷中水热，由此名为"汤谷"。"汤"（湯）之金文作 ![金文]，篆文作 ![篆文]，形声兼会意，从水，易声，"易"在甲骨文、金文中像日之初升且日光普照，由此兼表热。想象一下，阳光照耀水面，从水的温度到主观的感受，都是温热的，甚至是滚烫的，正如著名的"两小儿辩日"的故事中那位小朋友所言的："日初出沧沧凉凉，及其日中如探汤，此不为近者热而远者凉乎？"（《列子·汤问》）《说文》："汤，热水也。"汤水之热，其温度好像还不低呢。

汤谷边上有一棵扶桑树，这里是十个太阳洗澡的地方，在黑齿国的北面。

扶，又作"榑"。《说文》："榑，榑桑，神木，日所出也。"榑桑，即扶桑。扶桑之名，《海内十洲记》有解释：

> 地多林木，叶皆如桑。又有椹树，长者数千丈，大二千余围。树两两同根偶生，更相依倚，是以名为扶桑。

扶桑，转成为太阳初升之处，亦可代指太阳或阳光，出现在古典诗文作品中。陶渊明《闲情赋》中有"悲扶桑之舒光，奄灭景而藏明"[1]。诗人悲叹太阳东升刚舒展光辉，忽然便要火灭烛息，把光明隐藏。

在大水中间，有一棵高大的树木，九个太阳停在树的下枝，一个太阳停在树的上枝。

雨师妾　｜　**原文**

雨师妾在其北，其为人黑，两手各操一蛇，左耳有青蛇，右耳有赤蛇。一曰在十日北，为人黑身人面，各操一龟。

1.奄：忽然；景：同"影"，烛影。

雨师，按郭璞注解，指的是屏翳。雨师，即司雨的神，可不止一个。比如《列仙传》中说赤松子，乃是神农时的雨师，能入火自烧，在昆仑山上，可以随风雨上下。天上的二十八宿之一——毕宿，主兵主雨，亦用来借指雨师。例如宋代诗人李觏在夏天的大雨中感慨："一雨遂不止，我行当此穷……遣谁咨毕宿，留作旱时功。"（《夏日雨中》）甚至北方水神玄冥，有时也被认作雨师。

这里的"雨师妾"，则为国名。大可不必去追问：雨师亦有妾哉？据说不少人第一眼看到这三个字，都有类似之想。

雨师妾国在汤谷的北面，这里的人全身黑色，两只手各握着一条蛇，左边耳朵上挂有青蛇，右边耳朵上挂有赤蛇。

另一种说法认为雨师妾国在十个太阳所在地的北面，那里的人有着黑色的身子，长着人的面孔，两只手各持握着一只龟。

北方为玄武之象，属水，色主黑。玄武是龟蛇合体，正好统合了操龟、操蛇的两种说法。

玄股国

原　文

玄股之国在其北，其为人衣鱼食鸥[1]（ōu），使两鸟夹之。一曰在雨师妾北。

玄为赤黑色，股为大腿。玄股，按郭璞注解，就是髀[2]以下全都是深黑色的。

玄股国在汤谷的北面，这里的人以鱼皮为衣，以鸥鸟为食，所使唤的两只鸟就在他们身边。

1.鸥：也作"鸥"，鸥鸟。
2.髀（bì）：大腿。《说文》："髀，股也。"

　　从以上叙写来看，玄股国属于水中国度。水中有鸥鸟。鸥鸟，在古人笔下有一种本领，当察觉有人加害于自己时，它会主动防范，不肯飞下来。唯有无巧诈之心的人，方可与鸥鸟亲近。面对鸥鹭，忘却心机，成为隐遁者恬淡自适、远离世事的象征，有无限的诗情画意："谪仙人，鸥鸟伴，两忘机。"（宋·辛弃疾《水调歌头·和王正之右司吴江观雪见寄》）但在玄股人那里，鸥鸟却被捕杀，作为一日之三餐。想必他们该有自己的独门杀器，来对付飞舞的鸥鸟。

　　另一种说法认为玄股国在雨师妾国的北面。

　　《大荒东经》亦叙写了玄股国，在招摇山。《淮南子·地形训》记载的海外三十六国中有"玄股民"。

毛民国　｜　原　文

　　　　毛民之国在其北，为人身生毛。一曰在玄股北。

　　毛民国在汤谷的北面，这里的人全身长满了毛。

　　同样拥有"毛民"的称号，但毛的覆盖率却不一样。例如《淮南子·地形训》记载的海外三十六国中亦有"毛民"，他们居处在东南至东北的区域，据说半个身子都是长毛，好比成捆成簇密密麻麻的箭一样。

　　关于毛民国，郭璞有比较长的注文，还算精彩，附录如下：

　　　　今去临海郡东南二千里，有毛人在大海洲岛上，为人短小，而（或作"面"）体尽有毛，如猪能（或作"熊"）穴居，无衣服。晋永嘉四年，吴郡司盐都尉戴逢在海边得一船，上有男女四人，状皆如此。言语不通，送诣丞相府，未至，道死，唯有一人在。上赐之妇，生子，出入市井，渐晓人语，自说其所在是毛民也。

古籍中关于"毛人"的记载并不少，这里的描述算是较为详细的。临海郡，三国时期吴分会稽郡置，属扬州，治所在今浙江临海。吴郡，治所在今江苏苏州。应该说，毛民在那个时代受到了难能可贵的"厚待"，留下一段中华文化多元性和包容性的佳话。

另一种说法是，毛民国在玄股国的北面。

毛民国在《大荒北经》中亦有叙写，详后。

劳民国 | **原　文**

劳民国在其北，其为人黑。或曰教民。一曰在毛民北，为人面目手足尽黑。

劳民国在汤谷的北面，这里的人全身黑色。

这里的"劳民"，该如何理解呢？《淮南子·地形训》记载的海外三十六国，其中亦有"劳民"，据说他们躁扰不定，爱动；好论理，爱较真。

有人称劳民国为教民国。

劳、教两字声相近，由此转借。

按郭璞注解，这里的人以水果和草实为食；此处还有一只鸟，有两个头。

另一种说法认为劳民国在毛民国的北面，这里的人面孔、眼睛、手和脚都是黑色的。

句芒 | 原 文

东方句（gōu）芒，鸟身人面，乘两龙。

东方的句芒神，有着鸟的身子、人的面孔，驾乘两条龙。

句芒，少昊氏之子，名重。句芒的面孔是方方正正的，鸟身，穿的是生绢本色或白色的素服。

东方在五行中属木，句芒又为木神，为主木之官——木正。

据载，秦穆公有明德，多行善举，天帝派遣句芒神赏赐秦穆公十九年的阳寿，让嬴秦子孙繁茂，国家昌盛强大。

以上为《海外东经》，整体上可视为第九篇。

卷十

海内南经

原 文

海内东南陬以西者。

海内由东南角向西的国家区域、山丘河川、动植风物等，依次如下。

这里的《南经》，从东南角向西记述，与《海外南经》记述的方位顺序正好相反。

瓯、闽

原 文

瓯（ōu）居海中。闽在海中，其西北有山。一曰闽中山在海中。

瓯在海中。闽也在海中，它的西北方向有座山。

瓯，古地名，按郭璞注解，即东瓯，"今临海永宁县"，即今温州一带；闽，按郭璞注解，西瓯，"今建安郡是也"，即今福州一带。

另一种说法认为闽地的山在海中。

沧海桑田，古今海岸线的变化很大，这里的"海"想必不是通常意义上的大海，东晋时的郭璞认为此即歧海，近海的歧流湾区。

三天子郭山

原　文

　　三天子郭山在闽西海北。一曰在海中。

　　三天子郭山，在闽的西北方向。

　　这座山的名字很独特，郭璞在注解中有说明：

　　　　今在新安歙（shè）县东，今谓之三王山，浙江出其边也。张氏《土地记》曰：
东阳永康县南四里有石城山，上有小石城，云黄帝曾游此，即三天子都也。

　　与黄帝拉上关系了，称"天子"，也就名正言顺了。
　　这座山亦出现在《海内东经》中——"三天子都……在闽西北"，再根据行文气脉，
可基本判断"海"字当为衍文。

　　另一种说法认为三天子郭山在海中。

桂林八树

原　文

　　桂林八树在番隅东。

　　桂林八树，按郭璞注解，八棵树而成林，暗含的意思是说八棵树很大。

　　八棵很大的树就形成了一片桂林，在番隅的东面。

　　番隅，郭璞注解说，"今番隅县"，又作"番禺"。这一古地名，沿用至今。今天的
广东省有"番禺"，只是古今不一，其所指的地域范围早有不同，只可大致参照。

伯虑国
离耳国
雕题国
北朐国

原文

伯虑国[1]、离耳国、雕题国、北朐（qú）国[2]皆在郁水南。郁水出湘陵南海[3]。一曰相虑。

伯虑国、离耳国、雕题国、北朐国都在郁水的南岸。

所谓"离耳"，按郭璞注解，即儋（dān）耳，"镂[4]离其耳，分令下垂以为饰"。雕镂脸颊，皮连耳郭，分为数支，下垂至肩，人们以此为一种妆饰。离耳国远在朱崖海渚中，其国人不食五谷，只以蚌及薯蓣为食。

雕，雕画描摹；题，额。按郭璞注解，"点涅[5]其面，画体为鳞采"，点画涅染面部，把身体画成鳞状的纹彩，即鲛人。雕题国里的人，是不是传说中的"鲛人"，不能如此确定，但雕画题额的特点是可以推想论定的。

郁水发源于湘陵南山。

另一种说法认为伯虑国应该叫相虑国。

枭阳国

原文

枭阳国在北朐之西，其为人人面长唇，黑身有毛，反踵，见人笑亦笑，左手操管。

枭阳国在北朐国的西面，这里的人长着人的面孔，嘴唇长长的，黑色的身子上有长长

1.伯虑国：未详。
2.北朐国：未详。
3.南海：或应作"南山"。
4.镂（sōu）：镂刻。
5.点涅：点画涅染。涅，为黑色颜料。

的毛，脚跟在前而脚尖在后，看见人就张口大笑，左手还握着一根竹筒。

"见人笑亦笑"，或当为"见人则笑"。郭璞注《尔雅》，其中"狒狒"条目下引此段文字，即作"见人则笑"。人的笑与不笑，并不是枭阳国人笑的前提，他们的笑是自笑。见到人，自己先笑了。

今天有发达的影像，比照来看，他们更像是狒狒之类，而古人则以"山精"视之。《异物志》的记载文字更加细腻，情态描摹更加有趣：

> 枭羊善食人，大口。其初得人，喜笑，则唇上覆额，移时而后食之。人因为筒贯于臂上，待执人，人即抽手从筒中出，凿其唇于额而得擒之。

枭羊，亦作"枭阳""枭杨"，对人具有攻击性；移时，谓经历一段时间。人利用这一动物的行为特点，专门制作了筒状物，套在手臂上。待它们执系住人，还没有开吃，人从筒中抽出手来，此时它们的嘴唇正覆盖住了额头，人只需要顺势把它们的嘴唇固定在那里，就可以擒住它们。

注意，《异物志》的这段文字帮助我们把经文中"左手操管（筒）"的来龙去脉给搞清楚了。

兕　原文

> 兕在舜葬东，湘水南，其状如牛，苍黑，一角。

兕在舜帝葬地的东面，湘水的南岸。
兕的形貌像一般的牛，通身为青黑色，长着一只角。

从《南山经》的祷过山开始，兕在前文中多次出现。按《竹书纪年》记载，西周第四代君王——昭王姬瑕在昭王十六年亲率大军南征，讨伐荆楚，在涉越汉水时遇到过大兕。

苍梧山　

苍梧之山，帝舜葬于阳，帝丹朱葬于阴。

一提尧舜，崇敬乃至景仰之情便油然而生。

尧舜的圣明，代指的是一种政治理想，或曾经真实地存在于远古，或只是内心永恒的期待。尧舜之道，得遵循；周文王、武王之制，须效法。千百年来，这早已成为文化精神的向心力，君临天下宣导舆论的政治正确。由此，读杜甫的"致君尧舜上，再使风俗淳"（《奉赠韦左丞丈二十二韵》）时，我们会觉得从文字到气息，都那么诚挚，自然而然，无论头戴的那顶儒冠多么误身，无论心藏的那只鸥鸟多么不驯！[1]

苍梧山，舜帝葬在此山的南面。

苍梧山，按郭璞注解，即九疑山。

郭璞称引《礼记》的记载，确认舜葬于苍梧之野。九疑，亦作"九嶷"，山名之由来，因其山九溪皆相似，故云"九疑"。司马迁《史记·五帝本纪》：

（舜）践帝位三十九年，南巡狩，崩于苍梧之野。葬于江南九疑，是为零陵。

舜到南方巡察时，在苍梧的郊野去世，埋葬在长江南的九疑山。这个地方就是零陵。

帝丹朱葬在此山的北面。

丹朱又是谁？为何在这里也称"帝"？为何能和大舜并列？两人又是什么关系？

丹朱，传说为尧帝之子，名朱，一作"絑"，因居丹水，名为丹朱。司马迁《史记·五帝本纪》：

尧知子丹朱之不肖，不足授天下，于是乃权授舜。

1.杜甫《奉赠韦左丞丈二十二韵》一诗的开篇和结尾分别有"纨绔不饿死，儒冠多误身"和"白鸥没浩荡，万里谁能驯"。

不肖，在今天看来属于话语中典型的"高级黑"。字面意思是不像、不似，实则谓子不似父，可以称子孙之不孝，亦可拿来自谦。但整体是说：其人无所像，无从类，即啥也不是，是所谓的不才之人。丹朱，据说傲慢荒淫，做父亲的看着都不行，不能对其委以重任。按《竹书纪年》记载：

（帝尧）五十八年，帝使后稷[1]放帝子朱于丹水。

此后，尧禅位于舜。由此来看，舜和丹朱在政治上是内在的敌手，两者的身份、地位乃至名望，是极其不平衡、不对等的："诸侯朝觐者不之丹朱而之舜，狱讼者不之丹朱而之舜，讴歌者不讴歌丹朱而讴歌舜。"（《史记·五帝本纪》）

我们再来看郭璞的注解：

今丹阳（县）复有丹朱冢也。《竹书》亦曰："后稷放帝朱于丹水。"与此义符。丹朱称帝者，犹汉山阳公死加献帝之谥也。

丹朱之称"帝"，郭璞也认为不那么合适，于是给出了离他更近一点的例子，希望"圆"一下场：曹丕代汉称帝，汉献帝被废为山阳公，但死后仍加献帝之谥号。

用后来的特例去类比诠释，去解开时间上早得多的文字上的"扣"，这在事理逻辑上的确不怎么讨巧。其实，早有学者看出问题之所在——还是要回到《竹书纪年》的记载，不可漏掉一个字。"帝丹朱"，莫非是"帝子丹朱"？"帝"后面多一个"子"字，问题不就迎刃而解了吗？很有可能。

郝懿行还补充说"或上古朴略，不以为嫌"。大学者下结论很从容，没有把话说死，或许是上古先民质朴简略，没那么多条条框框，称呼尧之子，多一个"帝"字无所谓。为了说明这个道理，郝懿行举出《水经》的注文中"有鼻天子城"的例子来——"鼻天子"闻所未闻，上古人任性地命名了，此事发生的可能性不能一概抹杀。

综上，则可言：

尧帝之子丹朱葬在此山的北面。

1.后稷：为舜时的稷官，主管农事，教民耕种。

氾林 | 原文

氾林方三百里，在狌（xīng）狌东。

氾林方圆三百里，在狌狌生活之地的东面。

氾林，即"范林"，前文的《海外南经》《海外北经》均有叙及。狌狌，按郭璞注解，或作"猩猩"。

狌狌 | 原文

狌狌知人名，其为兽如豕而人面，在舜葬西。

狌狌能知道人的姓名，这种野兽的形貌像一般的猪，却长着人的面孔，生活在舜帝葬地的西面。

关于狌狌的形貌，传闻多有歧异。狌狌，按郭璞注解，形貌或如黄狗而有人的面孔，或如豚而腹部似狗，声如小儿啼哭。

郭璞《图赞》关于狌狌有如下描述和论评：

狌狌之状，形乍如犬。
厥性识往，为物警辨。
以酒招灾，自贻缨罥。[1]

狌狌很警觉，在天性上能"识往"。《淮南子·氾论训》亦记载有"猩猩知往而不知来"。高诱注解说，猩猩看见人走过去了，即可知道人的姓氏。这就是所谓的"识往"。古人对外物无从解释，在知识和理性上不能自圆其说时，他们的认知会陷入魔幻想象中，

1.贻：赠，送；缨：这里指用来捆绑的长绳索；罥（juàn）：捕鸟兽的网。

呈现为另类叙事，即异闻传说。类似的记载，数量还不少。据说狌狌嗜酒，还爱学人去穿草鞋，于是人们就在路上摆好酒和草鞋来"招待"它们。醉酒之后，狌狌双脚被草鞋牵绊住，人们即可轻而易举地擒获它们。

犀牛

原文

狌狌西北有犀牛，其状如牛而黑。

狌狌所在地的西北面有犀牛，它的样子像一般的牛而全身黑色。

犀牛，按郭璞注解，似水牛，猪头，庳脚，三角。[1]关于犀牛，《南山经》中的祷过山有叙写。

孟涂

原文

夏后启之臣曰孟涂，是司神于巴，人请讼于孟涂之所，其衣有血者乃执之，是请生。居山上，在丹山西。丹山在丹阳南，丹阳居属也。

夏王启的臣子名叫孟涂，是巴地诉讼的主管之神。

巴地人到孟涂这里讼告，请他断案。告状的人中有谁的衣服沾上血迹——言辞不直接不实诚的人，则血见于衣——即会被孟涂拘执起来。如此就不会出现冤情，且有好生之德。

1.庳（bì）：矮，短，谓四肢粗短；三角：谓犀牛长了三只角。

这是神明参与到司法过程的素朴状态——"灵断"[1]，超越言辞，容不得口辩，以眼之所见为实。

孟涂住在一座山上，此山在丹山的西面。

按郝懿行的考证，"丹山在丹阳南，丹阳居属也"这十一个字，本当为郭璞的注文，误入到了经文当中；且"居属"，当为"巴属"。

丹山在丹阳的南面，而丹阳是巴国的属地。

窫窳　原 文

窫窳龙首，居弱水中，在狌狌知人名[2]之西，其状如龙首[3]，食人。

窫窳长着龙的头，居于弱水之中，处在狌狌所在地的西面。它的形貌像貙，有着龙的头，会吃人。

貙，似狸的一种猛兽，大如狗，又称"貙虎"。在丛林的生存法则中，鹿畏惧它，它又怕老虎。

《北山经》和《海内西经》亦曾叙及"窫窳"，但细节处有所不同。比如，《北山经》的"窫窳"：状如牛，通身赤色，人面，马足。但在以人为食上，倒是一致的。

1.郭璞《图赞》有："所请灵断，呜呼神微。"
2.知人名：此三字或为衍文。
3.其状如龙首："其状如"后当有"貙"（chū）字。

建木 | 原文

有木，其状如牛，引之有皮，若缨、黄蛇。其叶如罗[1]，其实如栾，其木若蓲（ōu），其名曰建木。在窫窳西弱水上。

有一种树木，样子像牛，一拉就有树皮剥落下来，像冠上的缨带，又好比黄蛇皮。它的叶子像罗网，果实像栾树结的果实，树干像蓲。这种树名叫建木。

栾，树名，按郭璞注解，树根为黄色，树枝为红色，树叶为青色。《大荒南经》记载有云雨山，其中有木，名曰栾。今天称栾树为"灯笼树"，花淡黄色，果实椭圆形。

蓲，即刺榆，落叶小乔木，或成灌丛，小枝尖端成刺。蓲，又作"枢""樞"。《诗经·唐风》有诗，名为《山有枢》："山有枢，隰（xí）有榆。"山上长的是刺榆——针刺如柘，叶如榆，低洼地长的则是榆树。

郭璞对建木还有更深入的解释，无妨列于此。一、特点：青叶，紫茎，黑华，黄实。二、神效：居于其下，呼而无声响；日光之中，立而无影。此树为何如此"神奇"？这是因为建木立在天地之中，天帝们经由此木可以上上下下、来来往往。天地之中，这个地理位置是关键。

这种树长在窫窳所在地以西的弱水边上。

氐人国 | 原文

氐（dǐ）人国在建木西，其为人人面而鱼身，无足。

氐人国在建木所在地的西面，这里的人都长着人的面孔，却有着鱼的身子，并且没有脚。

1.罗：捕鸟的网。

从描述来看，这不就是人鱼嘛。郭璞注解说，氐人胸以上为人，胸以下为鱼。

氐人，在《大荒西经》中作"互人"。《海内北经》中的"陵鱼"，与"氐人"相像，但细处又有所不同。陵鱼，生活在海中，人面，有手有足，鱼身。两者相比，主要在有无足。

以上对人鱼的叙写，在性别问题上付诸阙如。如此处理，或许经文认为，这本就不是一个问题。但传世文献中记载的人鱼，大都类似于"美人鱼"。例如《职方外纪》记载有："海中有海女，上体为女人，下体则鱼形。"《徂异记》记载有："……见海沙中一妇人，肘后有红鬣。问之，曰人鱼也。"

当然也有所谓的"河精"，也不别男女："禹治洪水，观于河，见白面长人，鱼身，出曰：吾河精也。"（《职方外纪》）不加分别，言外之意可以是有男（公）有女（母），无须再多一嘴，是共识，为常情，不必啰唆。

巴蛇　　**原 文**

巴蛇食象，三岁而出其骨，君子服之，无心腹之疾。其为蛇青黄赤黑。一曰黑蛇青首，在犀牛西。

巴蛇能吞下大象，吞下三年后才吐出大象的骨头。君子服食了巴蛇的肉，则不患心痛或肚子痛之类的病。

这种巴蛇的颜色，是青色、黄色、红色、黑色等各色混杂的。

另一种说法认为巴蛇有着黑色的身子、青色的脑袋，在犀牛所在地的西面。

《海内经》中的朱卷国，有黑蛇，亦可食象，详后。

"巴"之篆文作 ꝑ，典型的象形字，像长着大嘴的蛇形。《说文》："巴，虫也。或曰食象蛇。"本义为传说中可吞吃大象的巨蛇。四川等地自古多虫蛇，由此古国即以"巴"为名，今天还以"巴蜀"称之。

大象，目前地球上生活在陆地的最大的哺乳动物，而吞象之蛇，那该有多大！于此而生发的惊讶和诧异，古今相通，郭璞的注解有：

今南方蚺（蟒）蛇吞鹿，鹿已烂，自绞于树腹中，骨皆穿鳞甲间出，此其类也。

鹿的骨头刺穿了蛇的鳞甲，完全消化要花上多年的时间。郭璞又称引屈原在《楚辞·天问》篇中的发问说：想想，蛇是论"条"的，大象是论"头"的，若蛇能吞象，则细条状的蛇该有多长呢？千寻。

简单计算一下，蛇的长度确实可观：一寻按八尺计，一尺折合为零点二三米，一寻大约为一点八米，千寻可达一千八百米。今天常以"蛇吞象"极言贪婪无厌，而人心之大，欲壑之深，又何止一千八百米呢！

旄马 | 原 文

旄（máo）马，其状如马，四节有毛。在巴蛇西北，高山南。

旄马，样子像普通的马，但四条腿的关节处都有长毛。
旄马在巴蛇所在地的西北面，一座大高山的南面。

旄马，又作"髦马"，它和旄（髦）牛又都曾出现在另一本古书《穆天子传》中。

匈奴国 开题国 列人国 | 原 文

匈奴、开题之国、列人之国并在西北。

匈奴国、开题国、列人国都在西北方。

匈奴，一曰“猃（xiǎn）狁（yǔn）”，亦作“猃狁”。司马迁《史记》中有《匈奴列传》：

> 匈奴，其先祖夏后氏之苗裔也，曰淳维。唐虞以上有山戎、猃狁、荤粥，居于北蛮，随畜牧而转移。

几个名称的时间线索，大致是尧舜时曰荤（xūn）粥（yù），周时曰猃狁，秦时曰匈奴。例如《诗经·小雅·采薇》有：“靡室靡家，猃狁之故。”

由此，我们可回推这段经文撰写或编订的大致时间——秦汉之时。

以上为《海内南经》，整体上可视为第十篇。

卷十一

海内西经

原　文

海内西南陬以北者。

海内由西南角向北的国家区域、山丘河川、动植风物等，依次如下。

贰负

原　文

贰负之臣曰危，危与贰负杀窫窳。帝乃梏[1]之疏属之山，桎[2]其右足，反缚两手与发，系之山上木。在开题西北。

《海内西经》的记述从一场阴谋和杀戮开始。

贰负的臣子名叫危，危与贰负一起合谋杀死了窫窳。

窫窳，又作"猰㺄""猰貐"，兽名，在《北山经》中是一种吃人的怪兽，在《海内西经》的后文中则被描述为蛇身人面的神。《海内南经》则说此神为龙首，居于弱水之中，郭璞在《图赞》中亦有：

> 窫窳无罪，见害贰负。
> 帝命群巫，操药夹守。
> 遂沦溺渊，变为龙首。

窫窳无罪而被杀害，天帝命令众多巫师神医拿着药在左右守护着他。于是窫窳沉没在渊潭之中，变身为食人的龙首怪兽。

1.梏：木制手铐，这里用作动词，械系，拘囚。
2.桎：足械，脚镣，这里用作动词，拘系罪人。

按后文的叙写，贰负在鬼国的东面，参与杀戮之后，他接下来的命运又如何呢？

天帝把贰负铐系拘囚在疏属山中，还给他的右脚戴上脚镣，把他的头发和双手合在一起绑缚，系在山上的大树下。这个地方在开题国的西北面。

开题，或即笄头山，又称鸡头山，音相近。按《史记》记载，黄帝曾西至空桐（崆峒），登鸡头山。

纵观此段经文，体量不大，辞句简洁，但其中有串通，有谋杀，有惩戒，血腥中游荡着权力的游戏，虽属线条勾勒，却有直击人心的力道。

贰负是主子，危是臣。贰负的位阶比危要高。板子必须先打到主子那里，在叙事上是可以理解的，因为如此方有惩戒之效。

我好奇的是，既然是相谋而杀，贰负的同谋者危的结局又如何呢？再来看郭璞在《图赞》中关于危的"提示"：

> 汉击磐石，其中则危。
> 刘生是识，群臣莫知。
> 可谓博物，山海乃奇。

刘生，指刘向，《山海经》主要校录者刘歆的父亲。郭璞把贰负之臣——危的命运拉至现实的历史世界，从山海幽冥穿越到朝堂论诤。

汉宣帝时命人到上郡开凿磐石，结果发现了一个石室，里面有一个人，赤着脚，披散着头发，双手被反绑着，一只脚上还戴着枷锁。宣帝问群臣，没有人知道此人是谁。刘向以《山海经》的记载来应对，认为此人是贰负臣危。宣帝惊讶于刘向的博学多闻，于是乎，学人争相研习《山海经》。《山海经》因之而名重一时。

郭璞的《图赞》和注解引述的这段史事，源自刘歆（当时改名为秀）的《上〈山海经〉表》。

贰负之臣危，怎么可能一直"存活"至西汉宣帝之时呢？郭璞注说：

> 论者多以为是其尸象，非真体也。意者以灵怪变化论，难以理测；物禀异气，出

于不（或作"自"）然，不可以常运推，不可以近数揆矣。[1]

尸象，谓死尸画像，并不是危的真体。这种看法，虽迂回了一下，却委曲以求全，颇具理性精神。郭璞的见解，是以神话思维来对待西汉时期的这个"神话"，好像什么也没有解释，反而又好像解释了什么。郭璞还以更切近、更具象的"神话"予以类比：

> 魏时有人发故周王冢者，得殉女子，不死不生，数日时（或作"而"）有气，数月而能语，状如廿许人。送诣[2]京师，郭太后爱养之，恒在左右。十余年，太后崩，此女哀思哭泣，一年余而死。即此类也。

再回到刘歆的上表和郭璞的注文本身。汉代的刘歆和晋代的郭璞通过笔下的叙事和阐解，接续《海经》的文脉，算是正式"杀死"了贰负之臣危。《山海经》的叙述缺口，让校录者、注解者填补上了。

这个前后相继的叙事接力，看着或许就是"画蛇添足"，但学人精心添补的，不是一般的"足"，在我看来更像是利爪，要通过它传递关于罪与罚的信念：苍天曾经饶过谁！

大泽 | 原 文

大泽方百里，群鸟所生及所解。在雁门北。

大泽方圆一百里，是各种禽鸟生卵孵化幼鸟和脱换羽毛的地方。

所生、所解，按郭璞注解，谓成群的鸟儿在这里"生乳"（孕育繁殖），"解之毛羽"[3]（脱掉旧羽，新长出细软之毛）。春夏之际，这个地方水草丰美，食物充足，气候宜鸟，大量的鸟儿迁徙聚集于此，成就了这个鸟儿的天堂。

1.数：今天所言的数理和逻辑；揆（kuí）：揣度，测量。
2.诣：到达（上级、尊长所在之地）。
3.解之毛羽：应作"解氄（rǒng）毛羽"。氄，又作"毹"，鸟兽贴身附肉的细绒毛。

这个大泽在雁门的北面。

这个大泽也就是夸父要去喝水的那个地方，在此出现，说明它距离黄河、渭河都很远。

《大荒北经》亦记载有一大泽，面积更大，方圆千里。

雁门山

原 文

> 雁门山，雁出其间。在高柳北。高柳在代北。

雁门山，是大雁春去秋来出入的地方。雁门山在高柳山的北面。高柳山在代地的北面。

读到此处，我们也许和郭璞有一样的好奇之问：今晋地代县有雁门关，岂即是乎？

《淮南子·地形训》有"烛龙在雁门北，蔽于委羽之山，不见日"，烛龙终年不见太阳，那是因为被委羽山遮蔽住了。委羽，即有羽翩坠落之意，亦即"解羽"。如此来看，雁门山和委羽山以及大泽，或是连在一起的生态群落。正因重山叠峦参云接泽，人迹罕至，天时地利，方有鸟羽委积的盛景。

后稷之葬

原 文

> 后稷之葬，山水环之。在氏国[1]西。

后稷的葬地，有山和水环绕着。

1.氏国：氏人国。

《海内经》记载有"西南黑水之间，有都广之野，后稷葬焉"的说法，又有后稷死于黑水之山的说法。

按远古丧法，死于陵葬于陵，死于泽葬于泽。后稷的葬地当在黑水广都。广都，或作"都广"。

经文中叙及的"山水"可在《山海经》的自身系统中找到属地，一一落实下来。在前文《西山经》的记载中，有所谓的利用其中之水使民耕种的"稷泽"，而在槐江山上可西望大泽，这里为后稷所"潜"——埋葬或潜化——的地方。

后稷的葬地在氐人国的西面。

流黄酆氏国

原　文

流黄酆（fēng）氏之国，中[1]方三百里，有涂[2]四方，中有山，在后稷葬西。

流黄酆氏国，疆域之内方圆三百里，有道路通达四方，中间有一座大山。

流黄酆氏，在《海内经》中又作"流黄辛氏"。这座大山当为巴遂山，详见后文的《海内经》。

流黄酆氏国在后稷葬地的西面。

按《淮南子·地形训》的记载，流黄和沃民在后稷坟冢所在地的北面，方圆三百里。

1.中：域中，犹言国内的土地。
2.涂：通"途"，道路。

流沙 | 原文

　　流沙出钟山，西行又南行昆仑之虚，西南入海[1]黑水之山。

　　流沙从钟山发源，向西流动，又朝南流过昆仑山，继续往西南流入居延海，直到黑水山。

　　流沙，从地域的层面而言，古时指中国西北的沙漠地区。沙漠之地，沙常因大风的吹动而移动流走，故而称"流沙"。《尚书·禹贡》："导弱水，至于合黎[2]，余波入于流沙。"把弱水疏通到合黎这一区域，下游之水流入沙漠地带（最后入居延海）。

　　流沙之"流"，又与河的意象紧密关联，谓沙子与河水一起流动。换言之，就是一条河流，流淌在流动的沙丘中间，与中原地区的河道、峡谷、岸堤、河坝等大有不同。

　　高诱注《吕氏春秋·本味》篇说，流沙在敦煌郡西，长八百里。

　　流沙，同时还是一道地理分界线，"天限内外，分以流沙"（《图赞》）。流沙之外，即所谓的"西极"，那里生机微茫，生气衰微。

东胡 | 原文

　　东胡在大泽东。

　　东胡国在大泽的东面。

　　东胡，古族名，因居匈奴（胡）以东而得名，春秋战国以来，南邻燕国，后为燕大破，被迫迁徙，经辗转分为乌桓和鲜卑。

　　据传，高辛氏——帝喾游历至海滨，留其少子居北夷一带，城邑在紫蒙之野，号曰东胡。

1.海：这里指的是居延海。
2.合黎：既是地名，又是山名，还是水名。

夷人国　　原　文

夷人在东胡东。

夷人国在东胡国的东面。

古代华夏族对四方族群有所谓的"四夷"之称：南蛮、东夷、西戎、北狄。但这里夷人在东胡以东，而东胡又在大泽以东。如此方位，属于相对的位置关系，整体上还在"海内西"的大框架下。

貊国　　原　文

貊（mò）国在汉水东北。地近于燕，灭之。

貊国在汉水的东北面，它的地界靠近燕国，后来被燕国灭掉了。

貊，出现在《诗经·鲁颂·閟（bì）宫》一诗中：

至于海邦，淮夷蛮貊，及彼南夷，莫不率从。

貊，与蛮、夷并列，是古时对北方少数民族的蔑称，亦作"貉"。他们相率前来，以示服从，彰显的是鲁僖公的盛德勋绩。

貊，在古书中出现，还指一种兽——本作"貘"。例如《后汉书·西南夷列传》记载的哀牢，"出铜、铁、铅、锡……犀、象、猩猩、貊兽"，按《后汉书》注引《南中八郡志》的记载，貊大如驴，很像熊，力气大，以铁为食。

这里的"貊"作为国名，按郭璞注解，当为古扶余国，在长城以北，去"玄菟"[1]千

1.玄菟：古郡名，汉武帝元封三年（前一〇八年）置，辖境相当于今中国辽宁东部至朝鲜咸镜南道、北道一带，后辖境缩小。

里，此地出名马、赤玉、貂皮，还有如酸枣大小的明珠。

孟鸟 | **原 文**

孟鸟在貊国东北，其鸟文赤、黄、青，东乡[1]（xiàng）。

孟鸟在貊国的东北面。这种鸟，羽毛花纹有红、黄、青三种颜色，面向东方。

孟鸟，按郭璞注解，也是一种鸟的名字。《海外西经》中有"灭蒙鸟"，在结匈国北，两者读音相近，可联系在一起解读。

这里的"孟鸟"为国名。既然国名中有鸟，我们可在古文献中找些"鸟国"的记载，作为参考：

> 孟舒国民，人首鸟身。其先主为雪（zhà）氏，训百禽，夏后之世，始食卵。孟舒去之，凤皇随焉。（《博物志》卷二）
>
> 孟亏人首鸟身，其先为虞氏，驯百禽。夏后之末世，民始食卵，孟亏去之，凤皇随焉。止于此山，多竹，长千仞，凤皇食竹实，孟亏食木实，去九疑万八千里。（《太平御览》卷九百一十五引《括地图》）

另外，道家传说中的女神九天玄女，为黄帝之师、圣母元君弟子，曾助黄帝灭蚩尤，她亦是人首鸟身。

1.乡：通"向"，面对着，面向。

海内昆仑山

原　文

海内昆仑之虚，在西北，帝之下都。昆仑之虚，方八百里，高万仞。上有木禾，长五寻，大五围[1]。面有九井，以玉为槛[2]。面有九门，门有开明兽守之，百神之所在。在八隅之岩，赤水之际，非仁羿莫能上冈之岩。

海内的昆仑山，屹立在西北方，是天帝在下界的都城。

"昆仑"前特意加了"海内"两字，请留意。既然提及"海内"，必然牵涉"海外"。按郭璞的注解，这是在暗示"海外"还有一座昆仑山。

《西次三经》中有昆仑之丘，即此海内昆仑山；而《海内东经》记载西胡之西有一昆仑山，此当为另一座昆仑山。

昆仑山，方圆八百里，高一万仞。

包括《史记》在内，古人对远方大山的高度以及长宽广度的计量，大都存在"夸张"。例如昆仑山，古人动辄说高万余里，有的甚至具体到了寸（《淮南子》给出的是一万一千里一百一十四步二尺六寸）。今天有"海拔"的绝对值，属于抽象的、纯粹的物理世界，古人所言的高度或距离或区域，相对而言是一个基于经验的、夹杂想象乃至情感体验的现实世界——数字都是几经折叠收放而得出来的。古人正是以这种"想象的真实"来建构天地宇宙，以便心安理得地栖息在这片大地上。

山上有一棵"木禾"，高达五寻，要五个人才能合抱住。

木禾，简而言之，即大树似的禾谷。郭璞注解，木禾，谷类——前面的"木"字修饰后面的"禾"，生长在黑水之阿[3]，可以食用。

1.围：计量圆周的单位，或以八尺为一围，或以合抱为一围。
2.槛：栏，井的栏杆。
3.阿（ē）：河水的弯曲处。

在黑水曲阿处生长的这种"超级"禾谷，在《穆天子传》的记载中是一种野麦。

昆仑山的每一面有九眼井，每眼井都有用玉石制成的围栏。

昆仑山的每一面还有九道门，每道门都有称作开明的神兽守卫着，这是众多天神聚集的地方。

众多天神聚集的地方是在八方山岩间，赤水岸边，若不是"仁羿"，就不能攀登上这些山岗和岩石。

为何这里出现了"仁羿"二字？"仁"字曾在《南山经》中出现，主要与丹穴山的凤凰有关；《中山经》中则有山，名曰"仁举"。

仁，一种古老的道德观念，本义是对人友善和亲爱。《诗经·齐风·卢令》中有"其人美且仁"，《诗经·郑风·叔于田》有"洵美且仁"。[1]《论语·颜渊》中曰："樊迟问仁。子曰：'爱人。'"

羿，作为人物，有两种解释。一是传说中尧时最著名的射师，神话中的英雄人物，善于射箭，曾经射掉九个太阳，射死毒蛇猛兽，为民除害。一是古诸侯，指夏代有穷国的国君。夏代国君太康——夏启之子，荒淫无道，羿凭借老百姓对太康的怨怒和不满推翻夏代统治，夺得君位，号有穷氏，称后羿。他本人后来因沉溺于田猎，不修民事，被自己任命的国相寒浞（zhuó）所杀。从此处的经文来看，当指的是前者。

"仁""羿"这两者放在一起，如何在文字、事理的层面进行疏通？按郭璞注解，"言非仁人及有才艺如羿者，不能登此山之冈岭巉岩[2]也"。自"仁人"强行过渡到"有才艺"，显然有点吃力。郭璞的注解，继而以事理做比附，以求更通畅合理些：你看羿曾经请药于西王母，这是说"其得道也"。得道，显然是说羿已从射箭领域的才艺技术进乎道——像庄子笔下那个解牛的庖丁一样，由技进乎道。但如此解释的话，技术型的羿，与"仁"的关系好像不大。如此解释，弯绕得太大。

郭璞在最后还补充了一下，"羿"或作"圣"。仁圣，组合成一词，表仁德圣明，用来颂美"百神"，最起码无障碍，不堵得慌。

再回过头来看"羿"字本身。羿，又作"羿"，篆文作𦏾，从羽，开（qiān）声。《说文》："羿，羽之羿风。"[3]本义为鸟张开翅膀旋风而上。如此来看，"仁羿"能上

1.美：人长得美；仁：厚道仁慈。洵：确实。
2.巉（chán）岩：险峻的山岩。
3.羽之羿风：按段玉裁注，"羿"疑当为"开"；开，平也。羽之开风，谓抟扶摇而上之状。

此山，还是很有来头的——最起码从其"名"自身而言似具备登升飞高的条件。

赤水 | 原 文

> 赤水出东南隅，以行其东北，西南流注南海厌火东。

古人认为昆仑山有五色水，赤水只是其中之一。

赤水从昆仑山的东南角发源，然后流经昆仑山的东北方，又转向西南，最后流注到南海厌火国的东边。

河水 | 原 文

> 河水出东北隅，以行其北，西南又入渤海，又出海外，即西而北，入禹所导积石山。

黄河之水从昆仑山的东北角发源，然后流经昆仑山的北面，再折向西南流入渤海，又流经海外，就此向西向北流，一直流入大禹所疏导过的积石山。

名为"积石"的山不止一处，可分大、小言之。这里的"积石山"有所特指。按郭璞注解，大禹治水，复决疏出之。由此而言，积石山乃是疏导黄河而积石所成之山，亦即《海外北经》叙及的"积石山"。

今天我们知道"三江"（黄河、长江、澜沧江）之源，皆在巍巍昆仑。这是在今天的技术装备条件下，历经多年才得出的一个较为科学的结论。经文描述的黄河的河源及流经的区域和走向，无妨姑且听之。在今天看来，这些描述显然有不确切的地方，但不必苛责，无须苛求。

洋水 黑水

原 文

洋[1]水、黑水出西北隅，以东，东行，又东北，南入海，羽民南。

洋水、黑水自昆仑山的西北角发源，然后折向东方，朝东流去，再折向东北方，又朝南流入大海，直到羽民国的南面。

羽民，在《海外南经》中已有叙写，其国人长头，身生羽。

《尚书·禹贡》载有："导黑水，至于三危，入于南海。"关于黑水的具体所指，古人有多种说法，有张掖河、大通河、党河、丽水、澜沧江、西洱河，以及怒江的上源哈拉乌苏河等。

近现代疑古派的学者们则直接否定这里的"黑水""南海"以及接下来的"弱水"等的真实存在，认为它们不过是传说中的"假想"而已。

弱水 青水

原 文

弱水、青水出西南隅，以东，又北，又西南，过毕方鸟东。

弱水、青水从昆仑山的西南角发源，然后朝东流，又朝北流去，再折向西南方，又流

1.洋：一作"漾"。

经毕方鸟所在地的东面。

弱水，《说文》中作"溺水"。弱水，前文已出现，一般指水弱不能行舟，后又极言其浮不起草芥和鸿毛，今天看来是一种季节性河流，其上不能行舟楫之利。

郭璞注引《汉书·西域传》说，距离长安一万五千余里有一个乌弋国，西行一百余日，可抵达一个条支国，它临近西海。那里的长老根据自己的见闻，说有弱水、西王母等等。

《三国志》有长城外数千里有弱水的记载，《淮南子》则言弱水源自穷石，即今天的祁连山，至于合黎山（或水），余波流入沙漠，穿过沙漠向南至南海。

《海外南经》记载有"毕方鸟在……青水西"，似可以与这里的经文"对接"上。但青水自身，郝懿行感慨"竟无考"，似只有一个字面上的名，名字后面指实的河流，不能考辨具体在哪里。今天的学者大致认定它为天山北的清水河，或者喀拉喀什河及和田河。出现这么多"选项"，意味着我们在古今名实的问题上又对接不上了。

开明兽 | 原 文

> 昆仑南渊深三百仞。开明兽身[1]大类虎而九首，皆人面，东乡立昆仑上。

昆仑山的南边有个灵渊，深达三百仞。

渊，按郭璞注解，当为灵渊。《海内北经》中有深三百仞的"从极之渊"，或即此。

开明神兽，身子和老虎差不多大，长有九个脑袋，每个脑袋都是人的面孔，面朝东立在昆仑山顶上。

1.身：或作"直"。

《西山经》中有昆仑丘之神陆吾，不是九个脑袋，而是九条尾巴；《大荒西经》中的昆仑丘之神，则是人面虎身，没提有几个脑袋的事。隐隐约约感觉它们之间有内在的关联，只不过在细节处有歧异。

开明兽，按郭璞注解，天兽也。郭璞有在《图赞》中予以颂美：

　　开明天兽，禀兹金精[1]。

　　虎身人面，表此桀形。

　　瞪视昆山，威慑百灵。

天兽，禀受的自然是日月星辰的精气精华。桀形，谓开明兽形貌凶猛凶悍。在昆仑山巅虎视眈眈，震慑着各种生灵神明。

开明西　　原 文

开明西有凤皇、鸾鸟，皆戴蛇践蛇，膺[2]有赤蛇。

开明神兽的西边有凤凰、鸾鸟在那里栖息，它们的头顶盘绕着蛇，脚下踩踏着蛇，胸前还有红色的蛇。

这段文字很明显在描绘图画，细节处像是群蛇乱舞。

"戴"之初文作"異"，甲骨文作，金文作，像人举高双手将东西置于头上。后来词义分化，"戴"之篆文作戴，本义为加在头上，或用头顶着。戴蛇，谓头顶上有蛇，且有盘绕之义在。

"践"（踐）之篆文作践，从足，戋声，本义为踩，践踏。《说文》："践，履[3]也。"《庄子·马蹄》："马，蹄可以践霜雪，毛可以御风寒。"践蛇，意谓蛇在鸟足

1.金精：或作"乾精"。

2.膺：胸。

3.履：鞋。段玉裁注："履之箸地曰履。"《周易·履》："履虎尾。"意谓踩踏虎尾。

下，有践踩之状。

开明北

开明北有视肉、珠树、文玉树、玗（yú）琪树、不死树。凤皇、鸾鸟皆戴蔽[1]（fá），又有离朱、木禾、柏树、甘水、圣木曼兑，一曰挺木牙交。

开明神兽的北边有视肉、珠树、文玉树、玗琪树、不死树。

珠树，《海外南经》有叙及，谓其生赤水之上。

文玉树，按郭璞注解，谓五彩玉树。玉树，犹琼玉之树。王嘉《拾遗记》记载：

昆仑山者……第六层有五色玉树，荫翳五百里，夜至水上，其光如烛。

此为神话传说中的仙树，不是一般的树，也不是后世的大富大贵之家为了"显摆"而用奇珍异宝特地制成的玉树。

玗琪树，按郭璞注解，当为珊瑚树：

玗琪，赤玉属也。吴天玺元年（二七六年），临海郡吏伍曜在海水际得石树，高二（或作"三"）尺余，茎叶紫色，诘曲倾靡，有光彩，即玉树之类也。

珊瑚，产自大海，似不是昆仑之上的树。

不死树，可令人长生长寿，更具体一点，是说以此树的果实为食，人能长生不老。

这里的凤凰、鸾鸟都戴着盾，还有离朱，以及像树木似的禾谷、柏树、甘水、圣木

1.蔽：盾，或即鸟颈颔下的盾形簇毛。

曼兑。

甘水，甜美的泉水，即醴泉[1]。据载，昆仑之上有醴泉。

圣木，按郭璞注解，服食它可使人明智圣通。曼兑，按郭璞注解，未明其详。或以为圣木、曼兑两者，乃是一物。

另一种说法认为，圣木曼兑叫挺木牙交。

按郭璞注解，此木即璇（琁）树，为玉类。文献阙如，我们难明其详，只晓得一个大概。既然经文所载，模糊不清，测不准，索性就让寄托着美好奇异之想的树木，把真面目留在昆仑云气的缥缈中吧。之所以有念想和期待，往往是因为知不甚详。

开明东

原 文

开明东有巫彭、巫抵、巫阳、巫履、巫凡、巫相，夹窫窳之尸，皆操不死之药以距[2]之。窫窳者，蛇身人面，贰负臣所杀也。

开明神兽的东边有巫师巫彭、巫抵、巫阳、巫履、巫凡、巫相，他们都是古时的神医。他们围在窫窳的尸体周围，手捧不死之药来抵抗死气，想使窫窳更生复活。

窫窳，长着蛇的身子、人的面孔，是被贰负和他的臣子危合伙杀死的。

1.醴：本义为甜酒，这里引申为甘甜的泉水。
2.距：通"拒"，抗拒。

服常树 | 原文

服常树，其上有三头人，伺琅玕树。

有一种服常树，树上有个长着三颗头的人，静静地察看着附近的琅玕树。

三头人，有学者推测说，最可能是服常树结出的果实鼓起来时，像三个人头并列在一起。

若是人，则《海外南经》中有"三首国"，其国人一个身子、三个脑袋，与之相类。若要按此说，三头人更有可能指称奇异的人。

再来看琅玕树。郭璞注引《尔雅》："西北之美者，有昆仑之（璆琳）琅玕焉。"看来琅玕珍奇，足以代表西北之美。郭璞又简略引用了今本《庄子》所无的逸文：

老子见孔子，从弟子五人。问曰："前为谁？"对曰："子路为勇。其次子贡为智，曾子为孝，颜回为仁，子张为武。"老子叹曰："吾闻南方有鸟，其名为凤，所居积石千里。天为生食，其树名琼枝，高百仞，以璆琳琅玕为实。天又为生离珠，一人三头，递卧递起，以伺琅玕。凤鸟之文，戴圣婴仁，右智左贤。"（《艺文类聚》卷九十引《庄子》）

这段文字意在宣导自然的价值，上天的赐予，要比人为之勇、智、孝、仁等境界高明得多。离珠，一作"离朱"，此处为人名，能明察针尖于百步之外，一个人三个头，交替起卧，看守着琅玕。

琅玕树，想必极为珍贵，古人甚至认为这种仙树结出的果实如珠似玉。

开明南 | 原 文

开明南有树鸟，六首；蛟、蝮（fù）、蛇、蜼、豹、鸟秩树[1]，于表池树木；诵鸟、鹎（sǔn）、视肉。

开明神兽的南边有树鸟，长着六个脑袋。

后文的《大荒西经》中亦有六首的鸟，名曰鸀（chù）鸟。

这里还有蛟龙、蝮蛇、蛇、长尾猴、豹子、鸟秩树，"表池"四周种植着树木。

表池，池名，即华池。"于表池树木"，按郭璞注解，即列树于表池，意谓在华池这里行列分明地种下树来。之所以如此，或许是因为成行成列看起来更齐整华美吧。昆仑山上的这座池子，是神仙饮食之处，令人心驰神往，成为经典的文学意象。

书中有各种各样的树木，常见的，稀罕的，还有灵异的，等等。它们天然地自然就在那里，仿佛在记录叙述时都早已设定好、布置好，剩下的只是罗列铺陈开来，展现给此时正在阅读的我们。唯独到了这个地方，叙事焦点开始转向"树木"——种树植树。人为的因素顺着镶嵌了进来。给人介绍树，或人只是鉴赏一下树，与动动手、跑跑腿，思量着把树种下去，让它存活下来，两者有所不同。前者的树是外在于人的，属客体的"自在"；后者的树和人共同构成一个有情互动的世界。古老的山海世界，记录叙述者没明确是谁在发出"树木"的动作，分明只是呈现，而非表现。

蛟，按郭璞注解，似蛇，长有四只脚，归属龙类。

蝮，一名"虺"（huǐ），一种毒蛇。江淮以南的地区称蝮，以北则称虺。《尔雅》："蝮虺，博三寸，首大如擘。"[2]

这里还有诵鸟、鹎鸟、视肉等等。

诵鸟，鸟名，形貌特征不详。

《穆天子传》："爰有白鹎、青雕。"鹎、雕，皆为猛禽。鹎，古同"隼"，雕之类

1.鸟秩树：树木名，具体不详。
2.博：宽度；擘（bò）：大拇指。

的猛禽。《周易·解》之上六爻辞有"公用射隼于高墉之上"，意谓王公们在高高的城墙上用箭射鹰隼。隼，代指的是上六之爻的阴，象征为害一方的阴险小人，或泛指居高阴鸷之人。《山海经》中的猛禽则孤零零地"立"在文本世界里，与左右不知底里的物什并不能感通生发为意义。读《山海经》首先要认识到在"物"的世界中，我们要摆脱意义的纠缠，回归认知的冷静冷清。

以上为《海内西经》，整体上可视为第十一篇。

卷十二

海内北经

原 文

海内西北陬以东者。

海内由西北角向东的国家区域、山丘河川、动植风物等，依次如下。

蛇巫山

原 文

蛇巫之山，上有人操柸而东向立。一曰龟山。

蛇巫山上有人拿着一根大大的棍棒，面向东站立着。

为了这个人手中的"柸"，学者们在文献梳理上没少下功夫，最终换来相对的稳妥和真实。

汉字有时因长相太接近，容易被弄混，造成讹误，比如"柸"与"杯"只差一横，不少版本都把"柸"写作"杯"了。

郭璞为"柸"作注时说："柸或作棓，字同。"然而在传播流布时，白纸黑字的"柸"被当成"杯"，结果会让注解都变得不可"解"了。

学人用理性精神来照耀每一个字，抽丝剥茧，再"倒腾"回去，比较，论证，给我们清理出最可靠的字词句。这是文化大厦的根基，必须得牢固。我们无妨观摩一下清代学者郝懿行的笺疏工作：

柸即棓字之异文。《说文》云："棓，梲也。"《玉篇》云："棓与棒同，步项切。"《太平御览》三百五十七卷引服虔《通俗文》曰："大杖曰棓。"

杖，可以是手杖、拐杖，例如《论语·宪问》中有"以杖叩其胫"，谓孔子用手杖敲了敲放肆无礼、坐相难看的原壤；可以是兵器，战场上的士卒身披铁甲，手操铁杖，奋力拼杀；还可以指刑具，或刑罚名，以杖击打人的屁股或大腿；等等。

如此，对于蛇巫山上的这个人，我们想象他的"面相"可更立体，灌注到其中的信息"颗粒"可更细腻些。他手持大杖，是君临万邦的统治者，还是温文尔雅的长者，抑或抡臂厮杀的壮汉呢？

另一种说法认为蛇巫山叫作龟山。

龟山，因山形像龟，故有龟山之称。龟山，一作"怪山"，其音相近。怪山之"怪"，据载是"一夕自来"，也就是说山是一夜之间自行飞过来的。

西王母 ｜ 原文

西王母梯几而戴胜[1]杖[2]，其南有三青鸟，为西王母取食。在昆仑虚北。

西王母"梯几"而头戴首饰。

梯，从木，弟声，本义是木梯。《说文》："梯，木阶也。"这里引申为凭依、倚靠，就像梯子斜倚着的样子。

古人席地而坐。几，是用来倚凭身体以休息的器具。《说文》："几，踞几也。"即蹲踞在地上的几。"几"之篆文作∏，象形字，高且上平，还有足，由此可以拿来倚靠。

几和杖在后世大都属于年老之人的物件：

大夫七十而致事，若不得谢，则必赐之几杖。（《礼记·曲礼上》）

1.胜：妇女首饰。
2.杖：或为衍文。

致事，犹致仕，告老辞官。老年人腿脚不利索了，几、杖都是必备之物：居则凭几以扶己，行则携杖以辅身。

注意，这里的"几"为倚器，不是今天在客厅中摆放的小茶几。

梯几，即倚着小桌案。

西王母的南面有三只青鸟，它们正在为西王母觅取食物。西王母和三青鸟的所在地在昆仑山的北面。

三青鸟，前见于《西山经》中的三危山，按《大荒西经》的描述，有红色的脑袋、黑色的眼睛。这三只青鸟，当是一个固定的搭配组合，形成一个"团队"——三青鸟。"青鸟"亦在本书中多次出现，但与"三青鸟"则有所不同。

　　七月七日，上（汉武帝）于承华殿斋（祭祀前洁净身心以示虔敬），正中，忽有一青鸟从西方来，集殿前。上问东方朔，朔曰："此西王母欲来也。"有顷，王母至，有二青鸟如乌，侠（夹）侍王母旁。（《艺文类聚》卷九十一引《汉武故事》）

取食的青鸟干的活计，太机械，太实际，太被动，算不得浪漫。而这里的"三青鸟"前后降临，通风报信，又与汉武大帝联系在一起，后世遂以"青鸟"代称信使。青岛常常出现在文人骚客的诗文中，拓展了作品的文化纵深度。例如唐代诗人李商隐著名的《无题》诗中有："蓬山此去无多路，青鸟殷勤为探看。"

大行伯　│　原 文

　　有人曰大行伯，把戈。其东有犬封国。贰负之尸在大行伯东。

有个人叫大行伯，手握长戈。

戈，以金属青铜或铁制成，长柄，横刃，勾兵之一。

他的东面有犬封国。

犬封国，一听名字，就是很有故事的，且看郭璞的注解：

> 昔盘瓠杀戎王，高辛以美女妻之，不可以训，乃浮之会稽东海（或作"东南海"）中，得三百里地封之，生男为狗，女为美人，是为狗封之国（或作"民"）也。

帝喾初受封于辛，后即帝位，号高辛氏。这里再补充一下关于"盘瓠"的叙事：帝喾有老妇，居于王室，忽然得了耳疾，挑之，得一物大如蚕茧。妇人盛瓠中，覆之以盘，片刻间化为一条犬，有五色斑纹，因而名之曰"盘瓠"。

盘瓠能征善战，有强悍野性的力量，不能驯服教化就放逐。有三百里的封地，日子应该过得去，只是苦了生下来的男丁了。如此"非人"的叙事情节，显然对野蛮内含惩戒之意，张扬文明教化的美善。

郭璞注解的文字，自有渊源，与《风俗通》《后汉书·南蛮列传》的记载有紧密的关系。

贰负之尸亦在大行伯的东面。

这里贰负的尸首，呼应了前文《海内西经》的叙事。看来，贰负作为一场命案的主子，没有逃脱制裁和严惩。

犬封国

原　文

犬封国曰犬戎国，状如犬。有一女子，方跪进杯[1]（bēi）食。有文马，缟身朱鬣，目若黄金，名曰吉量，乘之寿千岁。

犬封国也叫犬戎国，这里的人都是狗的模样。

按郭璞注解，黄帝的后裔——卞明生下白犬，长着两个脑袋，自相牝牡，遂繁衍生息，形成犬戎国。犬戎国，或即所谓的"狗国"，《淮南子·地形训》记载有"狗国在其（后稷坟冢）东"。

犬封国中有一女子，正跪在地上捧着一杯酒食向人进献。

此处的文字似在描绘图画中人物当下的动作或态势。

这里出产一种有彩色花纹的马，它的一个特点是"缟身"。

缟，从糸，高声，本义为精细而白的丝织品。《说文》："缟，鲜色（卮）也。"鲜卮，谓白色素绢。"缟"在这里引申为白色。缟身，即白色的身子。

这种马还长着红色的鬣毛，眼睛像黄金一样闪闪发光，名叫吉量。骑上吉量马，人能长寿千岁。

吉量，又作吉良、吉黄、吉光、腾黄、吉彊、古黄等。这么多的别称，无妨看成对远方良马神骏的致意！

郭璞还在注解中称引《六韬》的记载："文身朱鬣，眼若黄金，项若鸡尾，名曰鸡斯之乘。"用鸡尾来喻写马脖子高高翘起的样态，形象，且有动感。这样的描写的确增加了异闻博见的魅力。诚如郭璞所言，以上所述的名字和细节，都是小处有差异，其实为一物——有彩色花纹的神马。

1.杯：当作"杯"。

鬼国　｜ 原 文

鬼国在贰负之尸北，为物人面而一目。一曰贰负神在其东，为物人面蛇身。

鬼国在贰负之尸的北面，这里的人长着人的面孔，却只有一只眼睛。

《海外北经》中有"一目国"，"一目中其面"；《大荒北经》亦有"有人一目，当面中生"的叙写。

鬼国在古书中多有记载。鬼国，或即鬼方，古族名，在殷周时主要活动于今陕西、山西北境，为殷周西北境强敌。《周易·既济》之九三爻辞记载有"高宗伐鬼方，三年克之"。高宗，即商王武丁，盘庚弟小乙之子。《诗经·大雅·荡》中有"覃（tán）及鬼方"，这里的"鬼方"指远夷之国。

另一种说法认为贰负神在鬼国的东面，他长着人的面孔、蛇的身子。

请注意，按这里的描写，贰负神的模样和死在他及其臣属危合谋之下的窫窳大体一样。

蛚犬　｜ 原 文

蛚（táo）犬如犬，青，食人从首始。

蛚犬的样子像一般的狗，全身青色，吃人时都是从人的头部开始吃。

蛚犬，或即性情凶猛、攻击性强的野狗。

穷奇

原 文

穷奇状如虎，有翼，食人从首始，所食被发，在蜪犬北。一日从足。

穷奇的形貌像一般的老虎，却生有翅膀，吃人是从人的头部开始吃的。被吃的那个人，正披散着头发。

《西山经》的邽山中有"穷奇"，长着像刺猬一样的坚硬刚直的毛，是吃人的猛兽。这里补充了一个细节：吃人从人的脑袋下嘴。

"所食被发"四字，似在描述图画的细节。可以想见，张开血盆大口的怪兽正扑向人的头颅，将人生吞活食。披头散发意味着狼狈不堪，惊恐失措，看的人早已魂飞魄散。

穷奇在蜪犬的北面。另一种说法认为穷奇吃人是从人的脚开始吃起的。

讨论"吃人"的方式，虽残忍，但还得继续。按郭璞注《方言》中的记述，说老虎逮着猎物开吃，若是人，吞咬到耳朵的位置就会停下来，再往上即有所忌讳（"值耳即止，以触其讳故"）。由此，清代学者郝懿行推论，老虎食人是从人的足部开始吃的。这里的穷奇兽，其状如虎，莫非还带有老虎的习性？

帝尧台
帝喾台
帝丹朱台
帝舜台

原 文

帝尧台、帝喾台、帝丹朱台、帝舜台，各二台，台四方，在昆仑东北。

望瑶台之偃蹇兮，见有娀之佚女。[1]

——屈原《离骚》

遥望美玉砌成的高台耸立着，我看见帝喾之妻——有娀氏美女简狄在那上面。帝喾之妻在高台之上，也就是说瑶台即为帝喾之台。

帝尧台、帝喾台、帝丹朱台、帝舜台，各自都有两座台，台都是四方形的，在昆仑山的东北面。

关于"台"，《大荒西经》有轩辕台，《大荒北经》有共工台。为何在遥远甚至是荒远的昆仑东北，有众帝之台呢？我们来看郭璞的注解：

此盖天子巡狩所经过，夷狄慕圣人恩德，辄共为筑立台观，以标显其遗迹也。一本云：所杀相柳，地腥臊，不可种五谷，以为众帝之台。

前一种说法，有以"我"为中心的政治威权、文明教化的优越感，但解释力不足，主要体现为夷狄散居四方，即便可以共襄盛举，历时性的地缘政治现实也绝非持续都是"恩德"。后一种说法则很具体，以相柳（共工的属臣）被杀的直接后果——"其血腥"，来讲述帝台的功用，在叙事情理上更契合或者说贴近生产生活本身的逻辑，并且可以与《海外北经》叙写"相柳氏"的经文呼应起来。

大蜂
朱蛾

原　文

大蜂其状如蠡[2]。朱蛾[3]（yǐ）其状如蛾。

1.偃蹇（jiǎn）：高耸；佚女：美女，相传为有娀（sōng）氏之女简狄，为帝喾之妻。
2.蠡：当作"螽"，即蜂。
3.蛾：为"蚁"的古体字。

有一种大蜂，样子像一般的蜂；有一种朱蚁，样子像一般的蚂蚁。

这两句经文，字面的释读如上，但总觉得话说了一半，文气断了。

按郭璞注解，蛾，为蚍蜉，即今天常言的蚂蚁。接下来，郭璞援引《楚辞·招魂》篇中的两句：

> 赤蚁若象，玄蠭若壶[1]些。

这两句可帮助我们疏通经文之意。蚁，同"蚁"。赤蚁，即这里的"朱蛾"，朱红色的蚁，大小如大象。蠭，同"蜂"。玄蠭，黑色的蜂，即这里的"大蜂"，体格像葫芦一样。

如此对读，总算把经文的词句气脉给接续上，贯通下来。

蟜 | 原 文

蟜（jiǎo），其为人虎文，胫有腎。在穷奇东。一曰状如人，昆仑虚北所有。

蟜，本义为一种小虫子，有毒，在这里则指一种野人。

蟜，这种人长着人的身子，身上有老虎的斑纹，小腿上有强健的腿肚子。
蟜居处在穷奇的东面。另一种说法认为蟜的形貌像人，是昆仑山北边所独有的。

1.壶（hù）：用作"瓠"，葫芦。

阘非

原文

阘（tà）非，人面而兽身，青色。

阘非，长着人的面孔、野兽的身子，全身为青色。

据比尸

原文

据比[1]之尸，其为人折颈被发，无一手。

天神据比的尸首，脖颈折断了，头发披散着，缺了一只手。

天神也爱打架，甚至是轻生嗜杀。此或为战场上失败者的形象，蒙受诛戮，残虐荼毒如此，或为施暴者的警示告诫，或为受戕害一方的志之不忘。

环狗

原文

环狗，其为人兽首人身。一曰蜎[2]状如狗，黄色。

环狗，这种人长着野兽的脑袋、人的身子。
另一种说法认为环狗是刺猬的样子，而又像狗，通身黄色。

从形貌来看，环狗大概属于古籍记载的"狗国"之人。

1.据比：为天神，一作"掾比"或"掾北"。
2.蜎：同"猬"。

袜

原文

袜[1]（mèi），其为物人身黑首从[2]（zòng）目。

袜，这种怪物长着人的身子，脑袋是黑色的，眼睛是竖着的。

无论是神还是人，抑或兽，黑色脑袋，眉目竖生，揆诸全书，如此怪异的组合，仅此一见。

《海外东经》中的黑齿国，一种说法认为其人亦是"黑首"。《楚辞·大招》记载有那个时代西方世界的一种纵目怪物："豕首纵目，被发鬤只。长爪踞牙，诶笑狂只。"[3]怪物长着猪的脑袋，眼睛是竖着长的，披头散发，毛发乱蓬蓬的，爪子长长的，牙齿锋利如锯，强笑狂颠。以"纵目"为衔接点，其他特征亦不冲突，两者莫非是同一物？

戎

原文

戎，其为人人首三角。

戎，这种人长着人的脑袋，头上有三只角。

林氏国

原文

林氏国有珍兽，大若虎，五采毕具，尾长于身，名曰驺（zōu）吾，乘之日行千里。

1.袜：魅，鬼魅，精怪。
2.从：通"纵"。
3.鬤（ráng）：毛发蓬乱；只：语气词，无实义；诶（xī）：强笑。

林氏国有一种珍稀的野兽，大小与老虎差不多，身上有五种颜色的斑纹，尾巴比身子还长，名叫驺吾。骑上它，可以日行千里。

驺吾，又作"驺虞"，音相近。这里的驺吾和前文中别称"鸡斯"的吉量马，因都是难得的神兽，故而备受青睐，在历史或传说中发挥自己的特殊功用。

屈商乃拘文王于羑（yǒu）里。于是散宜生乃以千金求天下之珍怪，得驺虞、鸡斯之乘……以献于纣，因费仲而通。纣见而说之，乃免其身，杀牛而赐之。（《淮南子·道应训》）

屈商，商纣王的臣，把周文王拘禁在羑里。散宜生，文王的臣属，花大价钱求购天下的奇珍异宝，其中即有骑乘之物——驺虞和鸡斯。散宜生通过佞臣费仲疏通关系，奉上神兽，以投纣王之所好，文王才得以脱身，还得到了纣王的杀牛之赏。

《诗经》中有篇名为《驺虞》的诗作：

彼茁者葭，壹发五豝。于嗟乎驺虞！
彼茁者蓬，壹发五豵，于嗟乎驺虞！[1]

作品歌咏的是射猎野猪的猎人，但其中有一种重要的兽类——驺虞。诗中的驺虞是仁义之兽，白虎黑纹，不食活物，有至信之德，在诗里可引申为天子手下掌管马兽的官员——喻指打猎之人。芦苇和野草刚长出来，发箭就射中了好多头大小野猪。哎呀！这真是一个了不得的好猎手！

驺虞，"白虎黑文而仁，食自死之兽，日行千里"（《淮南子·道应训》注），不吃活的野兽，有仁慈之美名。我们来看郭璞的《图赞》：

怪兽五采，尾参于身。
矫足千里，倏忽若神。
是谓驺虞，诗叹其仁。

———————

1.茁：草刚长出地面的样子；葭（jiā）：芦苇；壹：发语词，无实义；发：发箭射中；豝（bā）：母猪，小猪；蓬：一种野草；豵（zōng）：小猪。

五采，即五彩——黄、赤、白、黑、青，这里当泛指多种颜色。参，即叁（三），三、五相应。驺虞形体的特点是尾巴长，按这里的描述，它的尾巴长度得是身体的好几倍呢。腿脚矫健，可日行千里。倏忽若神，谓驺虞行动疾速，犹如神明一般。

氾林　　原文

> 昆仑虚南所，有氾林方三百里。

昆仑山南面，有一片方圆三百里的氾林。

从极渊　　原文

> 从极之渊，深三百仞，维[1]冰夷[2]恒都焉。冰夷人面，乘两
> 龙。一曰忠极之渊。

从极渊有三百仞深，只有水神冰夷"都"在这里。

为何这个从极渊对水神而言是"都"，而不是一般的"居"呢？
都，金文作𫐓，篆文作𩫖，从者，表读音，从邑（阝），指城邑。古时，诸侯子弟、卿大夫都设有祖庙。《说文》："都，有先君之旧宗庙曰都。"如果没有先君宗庙的城邑，就是一般的邑，而有宗庙的城邑，那是要经常居留的。
由此来看，从极渊对水神而言是一个特殊的所在。水很深，所以只有水神可居之。这只是一方面。或许此渊是水神在精神上、信念上也必须居留的地方。

1.维：通"唯"，独，只有。
2.冰夷：冯夷，河伯。

冰夷长着人的面孔，乘驾着两条龙。另一种说法认为从极渊叫忠极渊。

中、忠，两字古时相通。若是"忠"字，这个深渊对于水神冰夷到底意味着什么呢？

阳汙山 | 原 文

阳汙[1]之山，河出其中；凌门[2]之山，河出其中。

阳汙山，黄河一条支流的源头即在此山；凌门山，黄河另一条支流的源头即在此山。

河出其中，按郭璞注解，是黄河支流的发源地。

王子夜尸 | 原 文

王子夜之尸，两手、两股、胸、首、齿，皆断异处。

相比于前面的据比之尸，以下的描写要惨烈得多：

王子夜的尸体，两只手、两条腿、胸脯、脑袋、牙齿，都被斩断，分散在不同的地方。

大卸八块，且异地分散抛尸，这是怎样的"仇恨"啊！

郭璞的注解，只是从哲思的层面对"肢解"进行阐解和统合："此盖形解而神连，

1.阳汙：或作"阳纤"。
2.凌门：或作"陵门"。

貌乖而气合；合不为密，离不为疏。"乖离，密合，不是指外在的、可见的形和貌，而是谓内在的、玄妙的神和气。案发现场，目睹惨状，这些话更像在抚慰这位远古的"受难者"。

但问题依然是：王子夜到底是何人，竟遭此枭磔之祸？

或以为王子夜是王子亥，即王亥，甲骨文中称之为高祖亥，或高祖王亥，商汤的七世祖。相传，王亥从事牧畜业，放牧至黄河北岸，有易部族的首领绵臣将他杀死，并夺去了他的牛羊。王亥遭受诛戮，尸分为八——首二、胸二、手二、股（大腿）二。如此惨状，和这里的王子夜相比，两者真是七七八八了。[1]

另，屈原在《天问》中有：

> 白蜺婴茀，胡为此堂？
> 安得夫良药，不能固臧？[2]

云雾环绕的白蜺，为什么画在楚国公卿祠堂的壁画中？王子侨得到了不死之药，为何不能有一个美善的结局呢？按东汉王逸的注解，崔文子向王子侨学为仙之术，王子侨化为白色的蜺，并且有层叠的白云环绕之。当白蜺持药准备交给崔文子时，崔文子大为惊怪，引戈击蜺，中之，成仙之药也坠落下来，俯而视之，发现是王子侨的尸体。崔文子取王子侨之尸，放置在室中，又用盛物竹器遮蔽覆盖上。尸体在须臾之间化为大鸟，鸣叫不已，崔文子揭开竹器，大鸟翻飞而去。

或把王子侨和王子夜联系起来，但这只是在字面上，王子侨虽已身死为尸，却与经文中描述的磔裂之惨不相为属。由此，这一说法尚属揣度性质，难称结论。

1.有学者认为上牙下齿，齿脱离了首，王子夜尸首亦可凑够"八"这个数。
2.白蜺：亦作"白霓"，白色的副虹——彩带排列的顺序和虹相反，红色在内，紫色在外，且颜色比虹淡些，即雌虹；婴：环绕；茀（fú）：云雾；堂：楚国公卿的祠堂；臧：善也，这里有善终之意。

宵明
烛光

原文

舜妻登比氏生宵明、烛光，处河大泽[1]，二女之灵能照此所方百里。一曰登北氏。

舜帝的妻子登比氏，生了宵明、烛光两个女儿，她们住在黄河边上的大泽中。两位神女的光芒能照亮周围方圆百里的地方。

舜帝两个女儿的名字值得留意，按郭璞注解，"以能光照"，由此而命名为宵明和烛光。黄河边上的大泽，想必有沙渚，她们待在水中的小块陆地上，或可不受江湖风波之苦。《淮南子·地形训》即把两位神女安置到了"河洲"上，但"神迹"不能少，同样是所照方圆千里或百里。

另一种说法认为舜帝的妻子叫登北氏。

盖国

原文

盖国在钜[2]燕南，倭北。倭属燕。

盖国在大燕国的南面，倭国的北面。倭国隶属大燕国。

倭，古时对日本或日本人的称谓，这里当泛指日本列岛。《汉书·地理志》有简略的记载："乐浪海中有倭人，分为百余国。"
郭璞对"倭"进行了注解："倭国在带方东大海内，以女为主（或作'王'），其俗露紒[3]，衣服无针功，以丹朱涂身，不妒忌，一男子数十妇也。"

1.泽：按郭璞注解，指黄河边上河水溢漫的地方。
2.钜：通"巨"。
3.紒（jì）：发髻。

这段文字属于"摘要",亦可看出郭璞的关注点:一、地理方位;二、女性王权;三、发肤服饰;四、婚姻状况等。更详细的叙写载于《三国志·魏志·东夷传》。

朝鲜 ｜ **原 文**

朝鲜在列阳东,海北山南。列阳属燕。

朝鲜在列阳的东面,北面有大海而南面有高山。列阳隶属燕国。

关于朝鲜,郭璞注解说:"朝鲜今乐浪县,箕子所封也。列亦水名也,今在带方。带方有列口县。"箕子,商朝人,官至太师,因纣王无道,屡谏不听,被囚,乃佯狂为奴。武王灭商,箕子率五千人避往朝鲜为君。

列姑射 ｜ **原 文**

列姑射(yè)在海河州[1]中。

列姑射山在大海的河洲上。

按郭璞注解,列姑射,山名,山上有神人,河洲在海中,是黄河之水所经过的地方。

这里的山在大海之中,而《庄子·逍遥游》中的藐姑射之山,则在汾水之阳,两者并非一地。

《东山经》中有姑射山、北姑射山、南姑射山等。

1.州:一作"洲",水中可居之地。

姑射国 | 原　文

姑射国在海中，属列姑射，西南，山环之。

姑射国在海中，隶属列姑射，它的西南部有高山环绕着。

大蟹 | 原　文

大蟹在海中。

大蟹生活在海里。

注意，这里所言的大蟹，不是放在餐桌上让我们大快朵颐的肥美的蟹，按郭璞注解，是千里大小的蟹，是成了精的那种蟹。

陵鱼 | 原　文

陵鱼[1]人面，手足，鱼身，在海中。

陵鱼长着人的面孔，有手有脚，却是鱼的身子，生活在海里。

《西山经》中有竹山，从此山发源的丹水中"多人鱼"；《北山经》中有龙侯山，从此山发源的决水，"其中多人鱼"；《中山经》中记载的人鱼，亦多。以上人鱼都是在内陆的河流中生活，而这里的"陵鱼"，特地强调了是"在海中"。当然，如果一定要区

1.陵鱼：又作"鲮鱼"，传说中的人鱼。

分，以今天来看，人鱼的生活区域起码可分淡水、咸水，水生环境不同，它们的习性品质当有所差异。

屈原在《天问》中曾有这样的疑问：

鲮鱼何所？

鲮鱼，这种怪鱼，它的居处在哪里呢？唐代的柳宗元回答了，他在《天对》篇中说："鲮鱼人貌，迩列姑射。"迩，近。这个回答很讨巧。柳宗元自己解释说，《山海经》记载了，鲮鱼在海中，距离列姑射山很近。

的确很"近"，列姑射山就在前文不远处！虽未明示陵鱼之水和列姑射之山相距有多远，但它们在叙述者铺陈的先后顺序上是相近的。柳宗元沉浸在山海的文本世界中，不如此设想，还能如何？

大鳊 | 原 文

大鳊（biān）居海中。

大鳊鱼生活在海里。

鳊，同"鳊"，即鲂（fáng）鱼，据说这种鱼在疲劳时尾巴会变成赤红色。淡水河里的鲂鱼，是餐桌上的美味佳肴，例如大诗人杜甫在船上现打现做现吃，发出"鲂鱼肥美知第一"的评价（《观打鱼歌》）。

明组邑

原　文

明组邑居海中。

明组邑生活在海岛上。

邑，邑落。明组邑，未详，或谓指生活在海岛上的部落。

蓬莱山

原　文

蓬莱山在海中。

蓬莱山在大海之中。

　　按郭璞注解，蓬莱仙山在渤海之中，山上有仙人的宫室，都是用黄金玉石建造而成的；那里的飞鸟走兽全是白色的，远远望去如白云一般。

　　蓬莱，是我们最熟知的仙山，那里意味着有白胡子老头，有仙丹，无人间烟火，走路都是腾云驾雾，世外逍遥，飞一般自由自在。

　　按《史记·封禅书》的记载，蓬莱山只是神山之一："……蓬莱、方丈、瀛洲。此三神山者，其傅在勃海中……诸仙人及不死之药皆在焉。其物禽兽尽白，而黄金银为宫阙。未至，望之如云。"

大人市

原　文

大人之市在海中。

"大人之市"在海里。

该如何理解"大人之市"呢？

《海外东经》记载有"大人国"，《大荒东经》中有"大人""大人国"，《大荒北经》中亦有"大人""大人国"。《列子·汤问》记载有龙伯国：

> 而龙伯之国有大人，举足不盈数步而暨五山之所，一钓而连六鳌，合负而趣归其国，灼其骨以数焉……至伏羲神农时，其国人犹数十丈。

"大人"好像离不开大海，因为他们太"大"，在别的地界好像施展不开腿脚：迈开脚，用不了几步就来到五座大山前；鱼钩一投下，六只大海龟都钓了上来，一并背负在肩上，很快就走回到自己的国家；并且还会从事某种神秘的智慧活动——灼烧龟壳进行占卜。

龙伯国的大人们扰动了整个世界，使得山川有恙，神仙不安，鸡犬不宁。于是，天帝开始对龙伯国的版图和大人的身材进行"瘦身"，但直到伏羲、神农时代，大人还是很大——数十丈之高。

"大人"，在古籍中并不罕见。他们在东海的海滨进行物品交换，往来贸易？不是不可能。

市，难道是海市？

北宋时期的沈括在《梦溪笔谈·异事》中有这样的记载："登州海中时有云气，如宫室、台观、城堞、人物、车马、冠盖，历历可见，谓之'海市'。"古人认为那是蜃——传说中能吐气成蜃市的蛟龙——吁气而成，故又称"海市蜃楼"。有楼台，有宫阙，有城郭，里边的人来来往往，其中有仙人飞举，莫非也有"大人"厕身其间？

以上为《海内北经》，整体上可视为第十二篇。

卷十三

海内东经

原文

海内东北陬以南者。

海内由东北角向南的国家区域、山丘河川、动植风物等，依次如下。

鉅燕

原文

鉅燕在东北陬。

大燕国在海内的东北角。

前文的《海内西经》中曾出现了"燕"，《海内北经》中则出现了"鉅燕""燕"。本经记述的方位从东北向南展开，与《海外东经》形成逆向相对的态势。

流沙中

原文

国在流沙中者埻（dūn）端、玺㬇[1]（huàn），在昆仑虚东南。一曰海内之郡，不为郡县，在流沙中。

在流沙中的国家有埻端国、玺㬇国，它们都处在昆仑山的东南面。

另一种说法认为埻端国和玺㬇国是在海内建置的郡，不把它们称为郡，是因为它们远处流沙之中。

1.玺㬇：或作"茧暖（nuǎn）"。

春秋时期，版图上在今天看来处于"外围"的几个大国——秦、晋、楚等国开始在边地设县，末年又开始在边地设郡，郡的面积比县要大。战国时开始在边郡设县，逐渐形成由郡辖县的两级制。秦统一中国后，全国分为三十六郡，后增加到四十多郡，下设县。

墫端、玺暎远处流沙中，且游牧迁徙，设置郡县，似不适宜；揆诸上古，无成例，不具可行性。

流沙外 | 原 文

国在流沙外者，大夏、竖沙、居繇（yáo）、月支之国。

在流沙以外的国家有大夏国、竖沙国、居繇国、月支国。

大夏国，按郭璞注解，城方圆二三百里，分为数十国，土地温和，宜五禾谷生长。另，《史记·大宛列传》对大夏国亦有记载：

大夏在大宛西南二千余里妫（guī）水南。其俗土著，有城屋，与大宛同俗。无大（王）长，往往城邑置小长。

大宛，古国名，为西域三十六国之一，以产汗血宝马著称；妫水，又作"乌许水""乌浒水"，即阿姆河。关于大夏国的大致方位，裴松之注《三国志》引《魏略》有记载："西王母西有修流沙，流沙西有大夏国。"

竖沙，一作"坚沙"。居繇，一作"属繇"。

月支，又作"月氏""月氐"，古族名，曾游牧于敦煌、祁连间。按郭璞注解，此地多好马、美果，有大尾羊如驴尾，即羬羊，"小月支、天竺国皆附庸"。在西汉文帝期间，月氏遭匈奴攻击，西迁塞种的故地，西迁的月氏人称大月氏；少数没有西迁的月氏人入南山（今祁连山），与羌人杂居，称小月氏。天竺，印度的古称。

流沙内外，大漠南北，其间的差异，既是地理地域的，又是政治文化的，还是文明形态的——农耕和游牧。单就"大一统"思想的推衍和施行来看，它既在空间中，又在时间里。人类出于认知和理解的便捷，往往以"折叠""压缩"的方式把漫长的时空内容打成了包。我们研读经典文本，即小心翼翼地拆开这个包裹，展开交叠折皱，熨平压痕，释放信息。时至晋代，郭璞对流沙中的墇端、玺睺，流沙外的竖沙、居繇，在《图赞》中已展现出新的认知视野：

> 沙漠之乡，绝地之馆。
> 或羁于秦，或宾于汉。

馆，馆驿，官署，是国家权力延伸至大漠的象征。羁，束缚，控制。宾，宾服，归顺。一个是被动地服从，一个是欢喜地顺从，互文共释，一种无比执着的信念，一个个前后相续的中央政权，正开始挺立在山海之间。

白玉山国　　原　文

> 西胡白玉山在大夏东，苍梧在白玉山西南，皆在流沙西，昆仑虚东南。昆仑山在西胡西。皆在西北。

有东胡，相对而言即有西胡。《海内西经》中有东胡国。

西方胡人的白玉山国在大夏国的东面，苍梧国在白玉山国的西南面，它们都在流沙的西面，昆仑山的东南面。

这里的苍梧国，与《海内南经》中的苍梧之山不是一回事。

昆仑山位于西方胡人所在地的西面。总的位置都在西北方。

昆仑，一分海内、海外，这里的昆仑或当为海外昆仑。
上述的流沙内外诸国，在《海内东经》加以言说叙述，好像不合适，感觉站错了队。

清代学者郝懿行推论说，"疑皆古经之错简"（《笺疏》）。错简，文献学术语，谓古书中的文字出现了次序错乱。因为最初的古书大都为竹简，按一定的次序串联编成。若竹简的前后次序出现了错乱，文字内容转录过来不加辨识，就会出现各种问题。

雷泽

原　文

雷泽中有雷神，龙身而人头，鼓其腹。在吴西。

雷泽中有一位雷神，长着龙的身子、人的脑袋，"鼓其腹"。

鼓其腹，唐张守节《史记·五帝本纪》正义引本经文作"鼓其腹则雷"。鼓，在这里用作动词，鼓动。据说这位雷神只要鼓动自己的肚子，咕噜咕噜，然后就会雷声阵阵。《淮南子·地形训》则记载有"雷泽有神，龙身人头，鼓其腹而熙"。这里的"熙"，通"嬉"，游戏。雷泽，谓大泽。雷泽之神敲打自己的肚皮，嬉戏游乐，如此则很喜庆，自娱自乐。

雷泽，按郭璞注解，在济阴郡城阳（治今山东菏泽东北）北。

雷泽在吴地的西面。

都州

原　文

都州在海中。一曰郁州。

都州在大海之中。另一种说法认为都州叫郁州。

一个州郡，为何说"在海中"？海，按古人的理解，是天池，承受陆地江河流水，是容纳百川的大片水域。我们来看明代学者王崇庆以事例类比的方式进行的回答：

今广之琼州、吴之崇明皆在海中，所谓泽国。（《山海经释义》）

大海中的岛屿，或延展至大海深处的半岛，都可以称之为在海中。由此来看，都州与琼州、崇明相类，亦当是一个泽国。按《水经注》记载，朐县东北大海之中有大洲——郁洲。沧海桑田，随着海岸线的推进，此洲（州）早已与陆地相连。

对郁州，郭璞补充道：今在东海朐县界，世传此山是从南方的苍梧迁徙过来的，因为山上生长着南方才有的草木。谁才有这种移山填海的能力呢？郭璞在《图赞》中解释说："维神所运，物无常在。"人力办不成的事，那就交给"神"去完成吧。神，不是今天的中心话语，那就无妨说成天体引力、地壳运动，抑或陨石坠地，等等。毕竟，万物不是一直在那里恒常不动的。

琅邪台 | 原·文

琅邪（yá）台在渤海间，琅邪之东。其北有山。一曰在海间。

琅邪台位于渤海与海岸之间，在琅邪的东面。琅邪台的北面有山。另一种说法认为琅邪台在海中。

按郭璞注解，他那个时代的琅邪在大海边，有山嶕（jiāo）峣（yáo）特起，高峻挺拔，状如高台，由此而称之为琅邪台。春秋时期，越王勾践在入霸中原时，曾在琅邪台上修治增筑，周长七里，用来观望东海。

韩雁

原 文

韩雁在海中，都州南。

韩雁在大海之中，又在都州的南边。

韩雁，难以断定是国名还是鸟名。如果是国名，则应在海中之岛上。有学者推断其为三韩古国名：一曰马韩，二曰辰韩，三曰弁辰。但这亦只是在名字上相似而已。

始鸠

原 文

始鸠在海中，辕厉南。

始鸠在大海之中，又在辕厉的南边。

始鸠，当为国名，或为鸟名，难以断定。辕厉，或即"韩雁"，字形相近。

会稽山

原 文

会稽山在大楚南。

经文叙及"大楚"，在大禹时期，尚无此国名。

或以为"楚"当作"越"。《越绝书·记地传》："禹始也，忧民救水，到大越，上茅山大会计……更名茅山曰会稽。"这里的"会计"，指古天子大会诸侯，计功行赏。按《史记·夏本纪》记载："禹会诸侯江南，计功而崩，因葬焉，命曰会稽。会稽者，会计也。"由此可见，大禹与此山的关系极为紧密，他在此山大会诸侯，又埋葬于此，山亦因此而更名。

会稽山在大越的南面。

以下自"岷三江"至"入章武南"的大段文字，当属《水经》的内容，而非《山海经》原文。既为底本原有，这里仍保留编次。现以郭璞注、郝懿行笺疏为主，略做译解。

岷三江

原　文

岷三江：首大江出汶山[1]，北江出曼山[2]，南江出高山[3]。高山在城（成）[4]都西。入海，在长州南。

自岷山流出三条江水，首先是长江从岷山流出，其次是北江从崌山流出，还有南江从崏山流出。崏山坐落在成都的西边。三条江水最终汇合注入大海，入海处在长州的南面。

浙江

原　文

浙江出三天子都，在其[5]（蛮）东。在闽西北，入海，余暨南。

1.汶山：岷山。
2.曼山：崌山。
3.高山：崏山。
4.作（）者，表正文、脱文。后文《水经》部分，同此。
5.其：当作"蛮"，即歙县。

浙江发源自三天子都山，三天子都山在蛮地的东边，闽地的西北边。浙江最终注入大海，入海处在余暨的南边。

庐江 ｜ 原 文

庐江出三天子都，入江，彭泽[1]西。一曰天子鄣。

庐江发源自三天子都山，注入长江，入江处在彭泽的西边。另一种说法认为三天子都山即天子鄣。

天子鄣，已见于《海内南经》。

淮水 ｜ 原 文

淮水出余山，余山在朝阳东，义乡西，入海，淮浦北。

淮水发源自余山，余山在朝阳的东面，义乡的西面。淮水最终注入大海，入海处在淮浦的北面。

淮水，即今之淮河，源出河南省桐柏山。《说文》："淮，水。出南阳平氏桐柏大复山，东南入海。"古时的淮水，作为直接入海的大川，被列为"四渎"之一。

长江、黄河、淮河和济水这四条独流入海的大川，总称为"四渎"。古代天子祭天下名山大川，即特指五岳（泰山、衡山、嵩山、华山、恒山）和四渎。那时的淮水和济水还

1.彭泽：亦作"彭蠡"，古泽薮名，即今天的鄱阳湖。

是直接入海的，由此方可与长江、黄河并列。宋光宗绍熙五年（一一九四年），黄河夺淮，淮河的河道逐渐淤高，其后淮河则以入长江为主，部分河水注入黄海。

湘水 | 原　文

湘水出舜葬东南陬，西环[1]之，入洞庭下。一曰东南西泽。

湘水从舜帝所葬之地的东南角发源，然后向西环绕流去。湘水注入洞庭湖下游。另一种说法认为湘水注入东南方的西泽。

湘水，即湘江，今湖南省最大的河流，与资、沅、澧等共为洞庭湖水系的主要河流。沅水，后面还有叙及。

洞庭湖，在长江南岸，素有"八百里洞庭"之称。其实，今天的太湖，古称震泽，古时亦名"洞庭"。左思《吴都赋》："指包山而为期，集洞庭而淹留。"刘逵注引王逸曰："太湖在秣陵东，湖中有包山，山中有如石室，俗谓洞庭。"

按郭璞的注解："洞庭，地穴也，在长沙巴陵。今吴县南太湖中有包山，下有洞庭，穴道潜行水底，云无所不通，号为地脉。"洞庭和太湖两者有"地下管道"连通。

汉水 | 原　文

汉水出鲋鱼之山，帝颛顼葬于阳，九嫔葬于阴，四蛇卫之。

汉水发源自鲋鱼山，颛顼帝葬在鲋鱼山的南面，颛顼帝的九个嫔妃葬在山的北面，有

1.环：绕。

四条巨蛇在上下护卫着。

《西山经》的嶓冢山，有"汉水出焉，而东南流注于沔"的记载。郭璞注中引有《尚书·禹贡》篇的文字："嶓冢导漾，东流为汉。"汉水之源，当在嶓冢山。

鲋鱼山，或另在他处。《大荒北经》有"附禺之山"，《海外北经》有"务隅之山"，或即此鲋鱼山。

濛水 | 原 文

> 濛水出汉阳西，入江，聂阳西。

濛水发源于汉阳的西边，注入长江，入江处在聂阳的西面。

按郝懿行笺疏，"大渡水，即濛水，盖因山为名也"。晋时汉阳县属朱提——汉武帝时置县，治所在今云南昭通，后立为郡。《汉书·地理志》："汉阳，都尉治。山阘（xì）谷，汉水所出，东至鳖（bì）入延。"

温水 | 原 文

> 温水出崆峒，（崆峒）山在临汾南，入河，华阳北。

温水发源于崆峒山，崆峒山在临汾的南面。温水注入黄河，入河处在华阳的北面。

崆峒，山名，在今甘肃平凉西，相传这里是黄帝问道于广成子的地方。
按郭璞注解："今温水在京兆阴盘县，水常温也。临汾县属平阳。"临汾，当为

"临泾"。

临泾，古县名，西汉置，治在今甘肃镇原南，东汉、魏、晋为安定郡治所。京兆之阴盘，亦当为安定郡之阴盘。

颍水 | 原文

颍（yǐng）水出少室，少室山在雍氏南，入淮西鄢北。一曰緱（gōu）氏。

颍水发源于少室山，少室山在雍氏的南面。颍水最终在西鄢陵以北注入淮水。另一种说法认为颍水在緱氏注入淮水。

颍水，即颍河，淮河最大的支流。水之源头有两说：《说文》以及郭璞注认为在颍川阳城乾山，而《水经》则认为在少室山。

汝水 | 原文

汝水出天息山，在梁[1]勉乡西南，入淮极[2]西北。一曰淮在期思[3]北。

汝水发源于天息山，天息山在梁县勉乡的西南。汝水在淮极的西北注入淮水。

另一种说法认为入淮处在期思县的北面。

1.梁：县名，汉时属河南郡，即后来的汝州。
2.淮极：地名。
3.期思：县名，郭璞注，属弋阳郡。

泾水 | 原文

泾水[1]出长城[2]北山[3]，山在郁郅（zhì）长垣北，〔北〕[4]入渭，戏[5]北。

泾水从秦长城的北山发源，北山在郁郅、长垣县的北面。泾水流入渭水，入渭处在戏的北面。

渭水 | 原文

渭水出鸟鼠同穴山，东注河，入华阴北。

渭水发源于鸟鼠同穴山，向东注入黄河，入河处在华阴县的北面。

按郭璞注解："鸟鼠同穴山今在陇西首阳县，渭水出其东，经南安、天水、略阳、扶风、始平、京兆、宏农[6]、华阴县入河。"《西山经》中有"鸟鼠同穴山"，山上多白虎、白玉，"渭水出焉，而东流注于河"。与此处的叙写，可呼应起来。

白水 | 原文

白水出蜀，而东南注江，入江州城下。

1.泾水：亦称泾河，渭河的支流。
2.长城：秦时所筑的长城。
3.北山：笄头山。
4.作〔〕者，表衍文。后文《水经》部分，同此。
5.戏：地名，亦为水名，在陕西新丰。
6.宏农：弘农。

白水发源于蜀地，然后向东南流，最后注入长江，入江处在江州。

"城下"二字，或为衍文。江州，巴郡县治。

白水的名字，按郭璞注解，"色微白浊"。白水，发源自临洮西的西倾山，最后在汉寿县入汉水。白水至江州，又称垫江。

沅水　　原文

沅水〔山〕出象郡镡（xín）城西，〔入〕东注江，入下隽西，合洞庭中。

沅水发源于象郡镡城的西面，然后向东流，注入长江，入江处在下隽的西面，最后汇入洞庭湖中。

按《汉书·地理志》记载："日南郡，故秦象郡。"郭璞注："象郡今日南也。"此段文字，可作为一个线索，我们据此可大致推论，此段经文以及前后的《水经》，撰写之时当在秦时。

赣水　　原文

赣水出聂都东山，东北注江，入彭泽西。

赣水发源于聂都东面的山中，向东北流，最后注入长江，入江处在彭泽的西边。

赣水，又称豫章水。彭泽，是大泽之名，又为县名。豫章水北过彭泽县，向西北流，最后注入长江。

泗水　| 原文

泗水出鲁东北而南，西南过湖陵西，而东南注东海，入淮阴北。

泗水发源于鲁地的东北面，然后向南流，再往西南流经湖陵的西面，然后转向东南而流入东海，入海处在淮阴的北面。

这里所言的泗水，和传世文献中通常所说的泗水，并不是一条河。即如郭璞注所言："今泗水出鲁国卞县，西南至高平湖陆县，东南经沛国、彭城、下邳至临淮下相县入淮。"

郁水　| 原文

郁水出象郡，而西南注南海，入须陵东南。

郁水发源于象郡，然后向西南流，最后注入南海，入海处在须陵的东南面。

按《海内南经》记载，郁水出自"湘陵南海"。这里的"须陵"，或即湘陵。

肄水

原文

肄[1]水出临晋（武）西南，而东南注海，入番禺西。

肄水发源于临武的西南面，然后向东南流，最后注入大海，入海处在番禺的西面。

潢水

原文

潢水出桂阳西北山，东南注肄水，入敦[2]浦西。

潢水发源于桂阳西北的山中，向东南流，最后注入肄水，入肄处在敦浦的西面。

洛水

原文

洛水出（上）洛西山，东北注河，入成皋〔之〕西。

洛水发源于上洛西边的山中，向东北流，最后注入黄河，入河处在成皋的西边。

洛，当作"上洛"。上洛，西周至战国邑名，在洛水上，故名，在今陕西洛南。洛水，已见于《中山经》的讙举山。

成皋，古地名，春秋时为郑国的虎牢邑，后名成皋，战国时属韩。在今河南荥阳汜水西。西汉置县。郭璞注："《书》云：'道洛自熊耳。'按《水经》，洛水今出上洛冢岭山，东北经宏农至河南巩县入河。成皋县亦属河南（郡）也。"

1.肄：或当作"肆"。
2.敦：或作"郭"。敦浦，未详。

汾水 | **原文**

汾水出上窳北，而西南注河，入皮氏南。

汾水发源自上窳的北面，然后向西南流，注入黄河，入河处在皮氏的南面。

汾水，已见于《北山经》的管涔山。皮氏，战国时魏邑，秦置皮氏县，汉时属河东郡，晋时属平阳郡。

沁水 | **原文**

沁水出井陉（xíng）山东，东南注河，入怀东南。

沁水从井陉山的东面发源，向东南流而注入黄河，入河处在怀的东南面。

沁水，亦称沁河，已见于《北山经》的谒戾山。井陉山，按郭璞注解，是指河内郡的井陉山。其发源之地，古人说法不一。今天认为沁水源出今山西沁源的太岳山东麓，东南流至河南武陟入黄河，为黄河下游的重要支流。

怀，古邑名，在今河南武陟西南，春秋时期为郑邑，战国时属魏。《史记·魏世家》："（魏安釐王）九年，秦拔我怀。"前二六八年，秦国攻取了魏国的怀邑。

济水 ｜ 原 文

济水出共[1]（gōng）山南东丘，绝巨鹿泽，注渤海，入齐琅槐东北。

济，古同"泲"。自源泉处而言为"沇"（yǎn），流去之后称之为"济"。

按《水经》记载，济水的发源处在王屋山，向东流，"至温县西北为济水"。注云："潜行地下，至共山南复出于东丘。"也就是说，济水，有的河段流在地表，有的潜行于地下。它在古时是与长江、黄河、淮河齐名的四条大河之一。

济水从共山南面的东丘流出，流过巨鹿泽，最终注入渤海，入海处在齐地琅槐的东北面。

潦水 ｜ 原 文

潦[2]水出卫皋[3]东，东南注渤海，入潦阳。

潦水发源于卫皋山的东面，向东南流而注入渤海，入海处在潦阳。

辽河，为我国东北地区南部的一条大河，有东、西两源，东、西辽河在辽宁省昌图县古榆树附近汇合，称辽河。按《汉书·地理志》记载："玄菟郡……高句骊，辽山，辽水所出，西南至辽队入大辽水。"

1.共：同"恭"。
2.潦：又作"辽"。
3.卫皋：按郭璞注解，指塞外的卫皋山。

虖沱水 | 原文

虖沱水出晋阳城南，而西至阳曲北，而东注渤海，入〔越〕章武北。[1]

虖沱水发源于晋阳城南，然后向西流至阳曲的北面，再向东流而注入渤海，入海处在章武的北面。

《北山经》中有泰戏山，"虖沱之水出焉"。

漳水 | 原文

漳水出山阳东，东注渤海，入章武南。

漳水发源于山阳的东面，向东流，最后注入渤海，入海处在章武的南面。

漳水，亦称漳河，有清漳河、浊漳河两源，均出山西省东南部，在河北省南部汇合后称漳河，东南流入卫河，为卫河最大的支流。《北山经》中有发鸠山，"漳水出焉，东流注于河"；少山，"清漳之水出焉，东流于浊漳之水"。

以上诸水，郭璞在《图赞》中有小结，用富有诗意的文句睇视这二十八条江河：

> 川渎交错，涣澜流带。
> 通潜润下，经营华外。
> 殊出同归，混之东会。[2]

1.晋阳、阳曲：县名，皆属太原。章武：郡名。
2.川渎：泛指河流；涣：风行水上，水势盛大壮美；流带：江河流淌如衣带；通潜：谓水之幽通潜运；经营：谓江河之周旋往来；华外：华夏内外；混：混同，一并。

　　以上为《海内东经》，整体上可视为第十三篇。

　　东汉班固《汉书·艺文志》著录《山海经》十三篇，列在"数术略·形法"目下。所谓十三篇，或以为只包括以上内容，并不把下面的《大荒经》《海内经》等五篇计算在内。

卷十四

大荒东经

自此以下五篇，排列方向依次为：东、南、西、北以及海内。

按郭璞注解，此"大荒四经"及《海内经》，共五本，"皆进（逸）在外"——不在班固《汉书·艺文志》载录本书的十三篇之内，或为后世之人所述，但又不知是什么时候添补上来的，肯定在郭璞所在的晋之前。内容显得凌乱，像资料的汇集杂陈，主要是对"海外四经""海内四经"进行补足、充实，还有进一步的诠释。

大壑　｜　原　文

东海之外大壑，少昊之国。少昊孺[1]帝颛顼于此，弃其琴瑟[2]。

"大壑"二字前当脱一个"有"字，得补上。

东海之外有一深不见底的沟壑，这里是少昊建国的地方。

壑，亦作"叡"，坑谷，山沟。大壑，不是一般意义上的"大"，而是另有深意——这需要相关文献文字间的互动激发。按郭璞注解，《诗含神雾》有言"东注无底之谷"，无底之谷，即指这里的大壑。接着郭璞又引《楚辞·远游》篇"降望大壑"[3]，予以补充证实。

《诗含神雾》属汉代的纬书。屈原的《远游》篇有："上至列缺兮，降望大壑。"列缺，亦作"列缺"。天空在有闪电时呈现出来的空隙，与地面上的深沟大壑，一上一下相对应般配。即如东汉王逸作注时所言，上则"窥天间隙"，下则"视海广狭"。

《列子·汤问》中关于"大壑"的信息量更大些：

渤海之东不知几亿万里，有大壑焉，实惟无底之谷，其下无底，名曰归墟。八纮

1.孺：乳养，养育。
2.琴瑟：琴和瑟，古乐器。
3.这里的《楚辞·远游》，郭注原文为《离骚》，或以之代称《楚辞》。

（hóng）九野之水，天汉之流，莫不注之，而无增无减焉。

描述多有增饰，想象夸张的成分亦大。

少昊，亦作"少皞"，名挚，传说为黄帝之子，东夷集团首领，号金天氏。东夷以鸟为图腾，相传少昊曾以鸟名为官名，设有工正和农正，管理手工业和农业。传说少昊死后为西方之神。《西山经》中的长留山有"其神白帝少昊居之"的记载。

少昊在这里抚养颛顼帝成长，颛顼帝幼年游戏娱乐用的琴瑟，还遗弃在沟壑中。

也就是说，此地至今还有琴瑟之声。

颛顼，传说中的上古帝王，号高阳氏，为昌意之子，黄帝之孙，生于若水，居于帝丘；十岁佐少昊，十二岁而冠，二十岁登帝位。少昊以黄帝之子的身份，受封而建立诸侯国，侄辈的颛顼随叔父就国，随侍左右，由此而有琴瑟之娱。

甘山　　原 文

> 有甘山者，甘水出焉，生甘渊。

有一座甘山，甘水从这里发源，后又形成了甘渊。

《大荒南经》对甘水亦有记载，"又有成山，甘水穷焉"。这里的甘渊，有名为羲和的女子在这里"浴日"。渊，按郭璞注解，水流汇积为深渊。

女娲炼石以补天，羲和浴日于甘渊，后世常以两者并称，喻人之力挽世运，或拯救危局。

皮母地丘

原文

大荒东南隅有山，名皮母地丘。

大荒的东南角有座大山，名叫皮母地丘。

《淮南子·地形训》有"东南方口波母之山"，"波""皮"同声，或"波"字脱水旁为"皮"。两者或可勾连在一起，互相释读。

大言山

原文

东海之外，大荒之中，有山名曰大言，日月所出。

在东海之外，大荒之中，有一座山名叫大言山。这里是太阳和月亮初出升起的地方。

大言，或作"大谷"。
本书记载的"日月所出"之山，共有六座，此为第一座。

波谷山

原文

有波谷山者，有大人之国。有大人之市，名曰大人之堂。有一大人踆[1]（cūn）其上，张其两耳[2]。

1.踆：或作"俊"，通"蹲"。
2.两耳：当作"两臂"。

有一座波谷山，有个大人国就在这山里。

《海外东经》有大人国的记载。

屈原《招魂》篇有"长人千仞"，按东汉王逸的注，这里的"长人"来自东方的长人国。一仞为八尺或七尺，计算下来，有两千多米，这样的"长人"可不是一般的长。

郭璞在注解时列举出不少在今天看来更"现实"的"大人"，比如秦时有大人出现在临洮，身长五丈，脚印六尺。其实，在"大人"的数据上，终究有一个度在，但在精神世界，则是唯识无界。唯有心智挣脱了俗谛的桎梏，方可论大学，说中庸，逍遥游，应帝王，分大乘小乘。儒家究论大学之道，庄子逍遥即发端于"不知其几千里也"，佛祖发大愿。

先民关于"大人"以及"大人国"的讲述，何尝不是在渴望那个无所不在的"大"！

独立和自由，首先意味着冲破拘限，成为"居天下之广居"的大丈夫，再道中庸，齐物论，大乘菩萨行。独立之精神，自由之思想，正是弃"小我"，求"大我"。

《山海经》中记载的"大人"，很古朴，身量大。

有大人做买卖交易的集市，就在一座名叫大人堂的山上。

大人之堂，山名，山的形状如堂室，故称。

有一个大人正蹲在上面，张开自己的两只手臂。

介绍完大人国，接下来是小人国。

小人国 ｜ 原 文

有小人国，名靖人。

有个小人国，这里的人被称作靖人。

郭璞注引《诗含神雾》，说"东北极有人长九寸"。这大概就是小人国里的小人吧。靖，《说文》载有一义，"细皃（貌）"，细小的样子。小人国里的人，不足一尺，真可谓又细又小，称之为靖人，很合适。正如郭璞在《图赞》中所言："四体具足，眉目才了。"[1]

后文《大荒南经》中还有一个小人国，名曰焦（僬）侥（yáo）。

犁䰩尸 ｜ 原文

有神，人面兽身，名曰犁䰩（líng）之尸。

有一个神人，长着人的面孔、野兽的身子，名叫犁䰩尸。

犁䰩古尸最大的特点是久而不坏，缘由是精魂凝定。想必这是古人根据字面意思推想而来的。

潏山 ｜ 原文

有潏（jué）山，杨水出焉。

有一座潏山，杨水从这里发源。

1.才：表语气，加强肯定；了：明了，清晰。

芇国

原　文

有芇（wěi）国，黍食，使[1]四鸟：虎、豹、熊、罴。

有一个芇国。

芇，或当为"妫"，水名，舜之居地。

这里的人以黄米为食，能驯化驱使四种野兽：老虎、豹子、熊、罴。

"四鸟"，在本书中成为神、人特殊群体役使的"标配"，后面还要叙写到。

先来看为何称之为"四鸟"。这一问题在郭璞的注解中没有涉及，清代学者郝懿行认为是"鸟兽通名"。确实，无论是鸟兽率舞，还是作鸟兽散，鸟、兽连用，可谓渊源有自。比如《论语·阳货》篇有"多识于鸟兽草木之名"。其实，鸟兽草木并列在一起，正说明鸟是鸟，兽是兽，草是草，木是木，动植世界才算均衡地立起来了。

若以虎、豹、熊、罴四者是在言说通名——天上飞的，地上跑的，问题倒迎"刃"而解，但总觉得剑锋稍偏了些。晚清学者俞樾提出另一个释读的思路："鸟"是不是作"禽"字呢？

《说文》："禽，走兽总名。"比如"五禽戏"中的五禽，既有老虎、鹿、熊、猿，还有鸟。禽，还指一种狩猎活动。《尚书·五子之歌》："内作色荒，外作禽荒。"人通过狩猎活动，获取虎、豹、熊、罴，然后驯化之，驯服之，最后驱使之，如此，文意似更通畅：

> 后人不知"四禽"为总目虎、豹、熊、罴之辞，误谓禽、鸟通称，改禽为鸟，遂使兽蒙鸟名，失之千里。（俞樾《读山海经》）

1.使：役使，这里有驯服并驱使之意。

合虚山　原文

大荒之中，有山名曰合虚[1]，日月所出。

在大荒之中，有一座山名叫合虚山。这里是太阳和月亮初出升起的地方。

此为本书记载的"日月所出"之山的第二座山。

中容国　原文

有中容之国。帝俊生中容，中容人食兽、木实，使四鸟：豹、虎、熊、罴。

有一个中容国。帝俊生了中容。

那么，帝俊又是谁呢？本书中屡屡出现一个称为"帝俊"的上古帝王，具体所指，各有不同，而神话传说，分歧已大，历时既久，更相矛盾，实难确指，只可疑似而已。以下同此。

这里的"帝俊"，似指颛顼。传说颛顼生有"才子"——谓后代子孙——八人：

昔高阳氏有才子八人，苍舒、隤（tuí）敳（ái）、梼（táo）戭（yǎn）、大临、龙降、庭坚、仲容、叔达，齐、圣、广、渊、明、允、笃、诚，天下之民谓之八恺。（《左传·文公十八年》）

其中就有中容（仲容），对应的品行是"笃"。笃，笃厚，谓志性良谨，交游款密。

1.合虚：一作"含虚"。

中容国里的人以野兽的肉和树木的果实为食，能驯化驱使四种野兽：豹子、老虎、熊、罴。

东口山 | 原 文

有东口之山。有君子之国，其人衣冠带剑。

有一座东口山。这里有一个君子国，君子国里的人穿衣戴帽，而且腰间佩带宝剑。

按郭璞注解，君子国里的人其实也可以驱使虎豹，只不过独具谦让之风罢了。

君子国，已见于《海外东经》。那里的人还有一个特点——"食兽"，以野兽的肉为食。君子温文尔雅，礼让为国，又能文能武，大口吃肉，还可驱兽为用，真可谓"君子生非异也，善假于物也"（《荀子·劝学》）。

司幽国 | 原 文

有司幽之国。帝俊生晏龙，晏龙生司幽，司幽生思士，不妻；思女，不夫。食黍，食兽，是使四鸟。

有一个司幽国。

司幽，有幽暗之意。司幽，又作"思幽"。

帝俊生了晏龙，晏龙生了司幽。

在后文的记述中，晏龙始为琴瑟。

司幽生了思士，而思士不娶妻子；司幽还生了思女，而思女不嫁丈夫。

不娶媳妇，不找婆家，那么，传宗接代、世族繁衍的问题怎么解决？《列子·天瑞》篇有记载："思士不妻而感，思女不夫而孕。"

郭璞注解说，思士、思女都很特殊——"直思而气通，魄合而生子"。特殊之人超越了肉身的沉重，因精气感应、魂魄相合而生育孩子，延续后代。郭璞又以《庄子·天运》篇中的记载——"白鶂（yì）之相视，眸子不运而风化"为类比。白鶂，即鹢鸟，一种水鸟，形如鸬鹚，羽翅为白色，能高飞，遇风而不避，故古人常画鹢鸟于船头。不运，谓定睛注视。风，雌雄相诱；风化，谓雌雄相感而成孕。像歌里唱的，只是因为在"人群"中多看了你一眼，于是就有了爱情的结晶：传奇。鸟可如此，人何以堪！

由此，司幽国里的人虽不娶亲，不嫁人，但国家还在，社会还在运转，生活还在继续。

司幽国的人以黄米为食，以野兽的肉为食，能驯化驱使四种野兽。

大阿山 | 原　文

有大阿之山者。

有一座山，名叫大阿山。

我们留意一下山名——大阿。

"阿"之金文作􀀁，篆文作􀀁，皆从𨸏（阜），可声，阜像土山高大而上平，可层累而上。《说文》："阿，大陵也。一曰曲𨸏也。""阿"之本义为大陵，山高大了，自然会有曲折之处。凡山丘弯曲处，谓之阿。例如《诗经·大雅》有篇名为《卷阿》的诗：

有卷者阿，飘风自南。

有卷，即卷卷，曲折的样子。飘风，旋风，疾风。曲折的山阿，有疾风自南方吹将过来。

大阿，字面上的意思是大山陵，多有曲折处。有的学者猜测大阿山即大阿尔泰山或大岩山，则另当别论。

明星山 ｜ 原 文

大荒中有山名曰明星，日月所出。

在大荒之中，有一座山名叫明星山，这里是太阳和月亮初出升起的地方。

这是"日月所出"的第三座山。

白民国 ｜ 原 文

有白民之国。帝俊生帝鸿，帝鸿生白民，白民销姓，黍食，使四鸟：虎、豹、熊、罴。

有个国家叫白民国。

前文的《海外西经》对白民国有叙写，后文的《大荒西经》亦有叙及。

帝俊生了帝鸿。

这里的帝鸿，即黄帝。由此上溯，则帝俊为少典，传说中的上古帝王，生了黄帝。

帝鸿的后代是白民，白民国的人姓销，以黄米为食，能驯化驱使四种野兽：老虎、豹子、熊、罴。

按郭璞注解，白民国的人还乘黄兽，乘之则可以长寿。《海外西经》中的白民国，有与郭注类似的叙写。如此解释，可以，但这里是大荒东，"海外西"当在西，两者在区域方位上好像谈不拢。

青丘国　原文

有青丘之国，有狐，九尾。

有一个青丘国。这里有一种狐狸，长着九条尾巴。

青丘国，已见于《海外东经》，其中有"其狐四足九尾"。

按郭璞注解，九尾狐在太平时期则出现，是一种祥瑞。《白虎通·封禅》篇有言："德至鸟兽，则……狐九尾。"君王德行之深厚，波及鸟兽身上，则九尾狐就会现世。之所以如此看重狐九尾，是因为狐之将死，其首必朝向出生时的土丘，喻不忘本，安不忘危；九，象征帝王之九妃得其所，子孙能繁衍生息；尾，在后，谓后人后世当更加昌盛。据说周文王时九尾狐出现，东方的国家都归顺宾服了周王。

柔仆民 | 原 文

有柔仆民，是维¹嬴土之国。

有柔仆民，他们所在的国土平坦肥沃。

嬴，按郭璞注解，"犹沃衍也"，谓土地平坦肥美。柔仆，内含柔顺不争之意，莫非这一部族聚落的群体特征，与其所处的山川地理特点有关系？

黑齿国 | 原 文

有黑齿之国。帝俊生黑齿，姜姓，黍食，使四鸟。

有一个黑齿国。

黑齿国，已见于《海外东经》。

帝俊"生"了黑齿。

这里的"生"，不一定是直接的生育生养，而有流裔繁衍之意，正如郭璞注所言："圣人神化无方，故其后世所降育，多有殊类异状之人，诸言生者，多谓其苗裔，未必是亲所产。""未必"二字用得好，在否定中还保有一定的弹性空间。

黑齿，牙齿漆黑漆黑的。为何牙齿是黑的？有的学者解释了，是不是这里的人也好食槟榔呢？你看，南方人有爱嚼槟榔的，牙齿都黑黑的。

黑齿国的人姓姜，以黄米为食物，能驯化驱使四种野兽。

1.维：句中语助词，无实义。

夏州国 | 原文

有夏州之国。有盖余之国。

有一个夏州国。夏州国附近，还有一个盖余国。

天吴 | 原文

有神人，八首人面，虎身十尾，名曰天吴。

有一个神人，长有八个脑袋，有着人的面孔、老虎的身子，还有十条尾巴，名叫天吴。

天吴，已见于《海外东经》，是所谓的水伯，主水之神。这位水神经常出现在诗文作品中，例如唐代诗人钱起有《雨中望海上，怀郁林观中道侣》一诗，其中就写到了这位水神：

山观海头雨，悬沫动烟树。
只疑苍茫里，郁岛欲飞去。
大块怒天吴，惊潮荡云路。[1]

1.郁岛：《海内东经》叙及的"郁州"，极言大雨滂沱中的山，如海内之岛；大块：犹言宇宙天地，大自然。

折丹

原 文

大荒之中，有山名曰鞠陵于天、东极、离瞀（mào），日月所出。名曰折丹——东方曰折，来风曰俊——处东极以出入风。

在大荒之中，有三座大山，分别叫作鞠陵于天山、东极山和离瞀山。这三座山都是太阳和月亮初出升起的地方。

东极之山，亦出现在《淮南子·地形训》中。

这是"日月所出"的第四座山[1]。

有一个神人，名叫折丹，而东方人则单称之为"折"。从东方吹来的风称作俊。折丹就处在大地的东极，依循时节，主管风之起停。

注意这里的方位，东南在八卦中为巽，巽代表风，东南主风。

禺䝙

原 文

东海之渚[2]中，有神，人面鸟身，珥两黄蛇，践两黄蛇，名曰禺䝙[3]。

黄帝生禺䝙，禺䝙生禺京。禺京处北海，禺䝙处东海，是为海神。

在东海的岛屿上，有一个神，长着人的面孔、鸟的身子，耳朵上穿挂着两条黄蛇，脚

1.指鞠陵于天山，亦包括东极山、离瞀山。
2.渚：这里指海岛。
3.䝙：一作"貔"，亦作"号"。

底下踩踏着两条黄蛇，名叫禺虢。

　　黄帝生了禺虢，禺虢生了禺京。

　　禺京，即禺彊，已见于《海外北经》，是北方神，据说灵龟是此神的使者。

　　禺京住在北海，禺虢住在东海，两神分别治理一海，皆为海神。

　　这段文字使我想起了北宋大诗人黄庭坚的代表作《寄黄几复》的开篇两句——"我居北海君南海，寄雁传书谢不能"。第一句，当然是化自《左传·僖公四年》中的"君处北海，寡人处南海"，但"君"（齐桓公）和"寡人"（楚成王）两者是一种敌对状态，而诗题中的黄介（字几复）是黄庭坚的"发小"，两人多年交好，自诗情抒写而言，只是借用了其中的空间方位因素。禺京处北海，禺虢处东海，这两位海神之间有"生"的关系，想必可以心心相通相印，亲情亦可在"桃李春风一杯酒，江湖夜雨十年灯"的图景中延续，共融共生，难分彼此！

招摇山　　原　文

　　　　有招摇山，融水出焉。有国曰玄股，黍食，使四鸟。

　　有一座招摇山，融水从这里发源。

　　《南山经》中亦有一山，名为"招摇"，与这里的招摇山只是重名的关系，非是一山。

　　有一个国家，名叫玄股国。这里的人以黄米为食，能驯化驱使四种野兽。

　　玄股之国，已见于《海外东经》，这里的人自大腿以下漆黑漆黑的。《海外东经》记载的是"（使）两鸟夹之"，此处则为"使四鸟"。这些细微的差异还当留意。

困民国

原　文

有困民[1]国，勾姓而食[2]。

有人曰王亥，两手操鸟，方食其头。

王亥托[3]于有易、河伯仆牛。有易杀王亥，取仆牛。河念有易，有易潜出，为国于兽，方食之，名曰摇民。

帝舜生戏，戏生摇民。

有一个国家叫困民国，这里的人姓勾，以黄米为食物。

因民，一声之转，和本书中的"摇民""嬴民"乃至历史话语中的"殷民"都可建立起联系。当成殷民讲，与下面的"王亥"即可贯穿为叙事的内心线索。《海外东经》中记载有"句（勾）芒"，特点是鸟身人面。

有个人叫王亥，以两手抓着一只鸟，正在吃着鸟的头部。

类似这样的文字，或在就图画展开叙述。

王亥，建立商朝的成汤的七世祖，东方商族部落首领，相传从事牧畜业，曾放牧到黄河北岸。

王亥把一群驯养的大牛寄养在有易族人和河伯这里。

有易，或作"有扈"，古时部落，生活在黄河之北或易水附近。河伯，这里为人名。按郭璞注解，仆牛，亦是人名，似不妥；仆牛，亦作"服牛"，当为大牛，驯养好的牛。河伯和有易之间存在友善关系，且是一种更宏大的政治联盟。

有易族人把王亥杀死，获取了这群牛。

1.困民：当作"因民"。

2.勾姓而食：当作"勾姓，黍食"。

3.托：寄也，寄养。

据古史传说，因王亥对有易族人奸淫暴虐，有易族人愤怒之下杀死了王亥。王亥的继承者率兵为王亥报仇，残杀了许多有易族人。河伯对有易族人心存怜悯和同情。

河伯哀念残存的有易族人，帮助他们偷偷地逃出来，在野兽出没的地方建立了自己的国家。他们正吃着野兽的肉呢。这个国家名叫摇民国。

另一种说法认为舜帝生了戏，戏的后裔即摇民。

女丑

原　文

海内有两人，名曰女丑。女丑有大蟹。

海内有两个神人，其中一个名叫女丑。女丑有一只大螃蟹听其使唤。

两人，按郭璞注解，皆为有易族人所化。

有两人，这里只明文交代了一个，大概文字上有脱略。或以为"两人"中的另一个，即前面的"摇民"。如此解释，似有凑数之嫌。

这里的女丑，即前文所言的女丑之尸，为一女巫。大蟹，《海内北经》说大蟹在海中——千里大小的大螃蟹。

孼摇頵羝山

原文

大荒之中，有山名曰孼摇頵（jūn）羝（dī），上有扶木[1]，柱三百里，其叶如芥。有谷曰温源谷。汤谷上有扶木。一日方至，一日方出，皆载于乌[2]。

在大荒之中，有一座山名叫孼摇頵羝山。山上有一棵扶桑树，如柱子一样直立高挺，高达三百里，叶子的形状像芥菜的叶子。

芥菜，叶缘呈锯齿状。芥菜种子黄色，有辣味，磨成粉末，为芥末；叶、茎和根，皆可食用。

有一道山谷叫作温源谷，即所谓的汤谷。

温源谷，即汤谷，又作"旸谷"。谷中之水温热，似太阳在此沐浴。

汤谷的上面有扶桑树，总共有十个太阳在这里进进出出，一个太阳刚刚回到汤谷，另一个太阳又从扶桑树上出去，交替相代，负载于三足乌的背上。

今天我们看到的太阳黑子现象，古人以"乌"比附，幻化而成神鸟三足乌，以建构日升日落的叙事。

日，太阳，是阳精之宗，当然属阳。阳数起自一，成于三，故而有三足之鸟的"三"。阳精累积而成乌，此为三足乌之"乌"。这些阴阳数理的解释在文化生态内部倒是自足的。

陶渊明借此情此景而撰成更具夸饰性的诗句：

逍遥芜皋上，杳然望扶木。
洪柯百万寻，森散覆旸谷。
灵人侍丹池，朝朝为日浴。

1.扶木：榑木，扶桑树。
2.乌：日中之三足乌。

神景一登天，何幽不见烛。[1]

——《读〈山海经〉十三首（其六）》

奢比尸 | **原　文**

有神，人面、犬耳[2]、兽身，珥两青蛇，名曰奢比尸。

有一个神人，长着人的面孔，有着大大的耳朵、野兽的身子，耳朵上穿挂着两条青色的蛇，名叫奢比尸。

奢比尸，已见于前面的《海外东经》。

五采鸟 | **原　文**

有五采之鸟，相乡弃沙。惟[3]帝俊下友。帝下两坛，采鸟是司。

有一群长着五彩翅羽的鸟，它们相对"弃沙"。

关于"弃沙"，郭璞注解说，"未闻沙义"。或以为"沙"当通"娑"，形容鸟翅羽绚丽，舞姿优美。《诗经·陈风·东门之枌》有：

1.芜皋：无皋；洪柯：言扶木枝条长大；灵人：神人，当指《大荒南经》中浴日于甘渊的羲和；丹池：甘渊；神景：谓太阳光芒；幽：幽暗之处；烛：照。
2.犬耳：当作"大耳"。
3.惟：句首语助词，无实义。

> 子仲之子，婆娑其下。

婆娑，舞也。姓子仲的姑娘在陈国的城门近宛丘的大树下，盘旋起舞，摇摆婀娜。类比反推，这里的"弃沙"，谓鸟放弃了舞动，收敛起翅膀。既然是五彩之鸟，翅羽舞动，想必是绚烂漫天。悄然收敛彩羽，莫非有"大事"要发生？

> 帝俊悠然降身与之交好。

帝俊此举是驯化抚临，还是朋友切切？我们不得而知。帝俊降临，敛羽肃敬，这神鸟该是特有眼力见儿吧。

> 帝俊在下界的两座祭坛，由这群五彩鸟在主理。

这两座祭坛，按郭璞注解，当在山下，是属于舜帝的。
这里的经文着实有不可解的地方，或有阙文，或有错讹，只能简单疏通，如上。

猗天苏门山

原 文

大荒之中，有山名曰猗天苏门，日月所生。

在大荒之中，有一座山名叫猗天苏门山，这里是太阳和月亮初出升起的地方。

山名中的"门"，或是即山形而言。此山，古人有时亦称之为"猗天之阙"。阙，宫门前左右两边供瞭望的高楼。如此，山的大体形状模样，可以想见。
这是"日月所出"的第五座山。

壎民国

原　文

有壎（xūn）民之国。

有綦（qí）山。又有摇山。有䎱（zèng）山。又有门户
山。又有盛山。又有待山。有五采之鸟。

有一个壎民国。附近有一座綦山。又有一座摇山。还有一座䎱山。又有一座门户山。
又有一座盛山。还有一座待山。有一群绚丽的五彩鸟。

以上诸山，我们今天都不甚了了。

壑明俊
疾山

原　文

东荒之中，有山名曰壑明俊疾，日月所出。有中容之国。

在东荒之中，有一座山名叫壑明俊疾山，这里是太阳和月亮初出升起的地方。
附近还有一个中容国。

这是"日月所出"的第六座山。

本书记载的"日月所出"之山，皆在大荒之"东经"。有出，即有入，"日月所入"
的山，亦有六座，皆在大荒之"西经"。这到底意味着什么呢？

如此对称排列，或在以地上的山来标识天上的日月轨迹，划定季节，确定两至（冬
至、夏至）、两分（春分、秋分）。

中容国，前文已说过了，这里又说，显然是重复了，前后不顺溜，有失谨严。本书的
"大荒"系列外加《海内经》，与前面的十三篇"古经"在校订质量上的确有差异。

三青马
三骓

原 文

东北海外，又有三青马、三骓[1]（zhuī）、甘华。爰有遗玉、三青鸟、三骓、视肉、甘华、甘柤，百谷所在。

在东北海外，又有三青马、三骓马、甘华树。

这里还有遗玉、三青鸟、三骓马、视肉、甘华树、甘柤树。

三骓，亦会出现在接下来的《大荒南经》中；三青鸟，还会出现在后面的《大荒西经》中。

各种庄稼在这里自然生长。

百谷所在，按郭璞注解，"言自生也"，其实也就是说这里是从事农业生产的好地方。

我们在全书中可捕捉到与之类似的内容，比如前文的《海外北经》《海外东经》有"百果所生""百果所在"，后文的《大荒南经》有"百谷所聚"等。文字词句在细微处虽有差异，但有相似性，我们探测到、感知到了，即可打个扣，将其绾结起来。或许它们之间有内在的联系，能形成一种互释的关系。

女和月
母国

原 文

有女和月母之国。有人名曰鹓（wǎn），北方曰鹓，来之风曰狭[2]（yǎn），是处东极隅[2]以止[3]日月，使无相间[4]出没，司其短长。

1.骓：马毛色青白间杂。
2.东极隅：当作"东北隅"。
3.止：止住，表能控驭住。
4.间：错乱，杂乱。

有一个女和月母国。

这一国名，根据前后文的情况可知，女和月母，即为羲和、常仪之类的角色。

这里有一个神人，名叫鹓——北方人称之为"鹓"。从北方吹来的风称作狭。鹓处在大地的东北角，以控制太阳和月亮从东方正常升起，以免发生偏移；并使它们的出没不会交相错乱，掌握它们升起、落下时间的长短。

凶犁土丘山

原 文

大荒东北隅中，有山名曰凶犁土丘。应龙处南极，杀蚩尤与夸父，不得复上。故下数¹（shuò）旱。旱而为应龙之状，乃得大雨。

在大荒的东北角上，有一座山名叫凶犁土丘山。

这里的"犁"，又作"黎"，两字古时相通。凶犁土丘，又作"凶黎之谷"。还有一种说法认为是黄帝下令，让应龙在凶黎之谷杀死了蚩尤。

应龙居处在这座山的最南端，因杀了蚩尤和夸父，不能再回到天上，居处在地上。天上没了兴云布雨的应龙，故而下界常常闹旱灾。

应龙，按郭璞注解，是有翼之龙。蚩尤，以金做兵器，曾与黄帝大战。蚩尤、应龙，还要出现在后面的《大荒北经》中。

屈原在《天问》中有：

1.数：屡次，频繁。

应龙何画？河海何历？

据传，大禹治水，有应龙的帮助——应龙用尾巴划地，指明疏导洪水的线路，大禹据此来治水。河海怎么会随着应龙所划而得以畅通呢？由此来看，有翼的应龙，不但能在天上致雨，而且划定了地上河流的走向。总而言之，与大江大河有关，与水有关。

下界的人们一遇到天旱就装扮成应龙的样子求雨，果然就可以求得大雨。

郭璞注解说，他那个时代有所谓的"土龙"，即本源于此。土龙，顾名思义，用土制成龙的模样，专门用以求雨招雨。《后汉书·礼仪志中》记载：

> 其旱也，公卿官长以次行雩礼求雨。闭诸阳，衣皂，兴土龙，立土人舞僮二佾，七日一变如故事。[1]

对农耕文明而言，这样的求雨仪式除了实际之用，还发挥凝聚人心的大用，使人共同面对高天后土，建构一个精神共同体。经文说，"乃得大雨"，这关涉人类精神现象中的"信"的层面，与理性和逻辑无关，正如郭璞在注解中所言："气应自然冥感，非人所能为也。"

> 鸣呼！十日不雨兮，田且无禾；一月不雨兮，川且无波；一月不雨兮，民已为疴；再月不雨兮，民将奈何？（王阳明《祈雨辞》）

遭罹炎旱，渴望云霓，先民们的愁苦和焦灼透过笔下的文字流淌出来。当非人力所能为，又关切到如何生存下去，心结解不开，智识无法释然，唯有虔诚地去祈愿乃至乞求。除了这样，还能如何呢！

1.雩（yú）：为求雨而举行的祭祀活动；皂：黑色；佾（yì）：乐舞的行列，八人为一行，叫一佾，二佾谓两行，共十六人。

流波山

原　文

> 东海中有流波山，入海七千里。其上有兽，状如牛，苍身而无角，一足，出入水则必风雨，其光如日月，其声如雷，其名曰夔。黄帝得之，以其皮为鼓，橛[1]（jué）以雷兽之骨，声闻五百里，以威天下。

在东海之中，有一座流波山，深入到东海七千里处。

山上有一种野兽，状貌像牛，苍黑色的身子，没有长角，只有一只脚，出入海水时必定有大风大雨相随，发出的光亮如同太阳和月亮，吼叫的声音如同雷鸣。这种野兽名叫夔。

夔的样子，在传世文献的记载中，细节处有同，有不同。

"夔"之篆文作🦶。《说文》："夔，神魖（xū）也。如龙，一足，从夂；象有角、手、人面之形。" 神魖，按清代段玉裁注解，谓鬼之神者也，即灵魈（xiāo），神灵怪物。夂，像夔之一足，这一点看"夔"之甲骨文🦶和金文🦶，更显然可见。夔，在《说文》中的特点是：有角，有手足，人面。

三国时期吴的薛综在注张衡的《东京赋》时有："夔，木石之怪，如龙有角，鳞甲光如日月，见则其邑大旱。"夔的鳞甲之光很突出。三国时期吴的韦昭在注《国语》时有："夔，一足，越人谓之山缫，音'骚'，或作'獟'，富阳有之，人面猴身，能言。或云'独足'。"注意，这里是猴身，能言。或是像猴子一样有四足，或者是一足。

以上种种，略有混乱杂乱之嫌，其实当以"丰富"视之，与经文中对"夔"的叙写参照对比。

《庄子·秋水》拿"夔"来讲自家的大道理。其中有"夔怜蚿（xián）"，夔是一足兽，而蚿是多足虫；怜，这里有爱慕、爱尚之意。但夔又对蚿说：我用一只脚跳跃着前行，再没有比我更简便的啦！现在你用一万只脚，又是怎样的一个走法呢？

一只脚蹦蹦跳跳的，快乐而行，简单便易，无如我者！何必驱驰万足，太劳累了吧！物与物之间的差别，当来自所受上天之不同。

1.橛：敲，击。

黄帝得到夔，即用它的皮来蒙鼓，再拿雷兽的骨头敲打这面鼓，响声在五百里外都能听闻到。黄帝以此来威震天下。

雷兽，按郭璞注解，即雷神，人面龙身。雷神，已见于《海内东经》，"龙身而人头"。

以夔之皮制成鼓，敲击之声传得远：

> 黄帝在位，诸侯于东海流山得奇兽，其状如牛，苍色无角，一足能走，出入水即风雨，目光如日月，其音如雷，名曰夔。黄帝杀之，取皮以冒鼓，声闻五百里。（唐·陆德明《经典释文》注引）

以上文字在细节处有所不同，各有侧重，皆弥足珍贵。

以上为《大荒东经》，整体上可视为第十四篇。

卷十五

大荒南经

趹踢 | 原 文

　　南海之外，赤水之西，流沙之东，有兽，左右有首，名曰
趹[1]（chù）踢。有三青兽相并，名曰双双。

　　在南海之外，赤水的西岸，流沙的东面，有一种野兽，左右两边都有一个脑袋，名叫趹踢。

　　这里的赤水、流沙，按郭璞注解，赤水出自昆仑山，流沙则发源于钟山。

　　神兽，一个身子，两个脑袋，在本书中有"并封"（《海外西经》），还有"屏蓬"（《大荒西经》）：这两者很可能指的是同一个。既然为两首，在如何分布排列的问题上，叙事者给出的其实是纵横两个维度——前后（并封）还是左右（趹踢），其间略有差异。

　　一而二，二而一，一体两首，含有牝牡相合之象。此正如易学之中所讲的"利贞"。阳之喜阴，阴之喜阳，此乃天地自然之性。从这样一种天赋之质、人禀之性出发，以阳求阴，以阴承阳，最终抵达一种和合的状态。这个世界即由内在的"性"，走向欲而求、感而动的"情"。所谓"利贞"，就是让此固有之性情，欲有其正，感有其正，呈现出一种贞固的态势。

　　一个物象的拟设和凝结，正是先民精神世界的固化。

　　附近还有三只青色的野兽，它们交相合并为一体，名叫双双。

　　鲁宣公五年（前六〇四年）九月，齐国大夫高固来到鲁国迎娶鲁公之女子叔姬。这是一桩齐侯威逼下的婚姻。同年冬天，高固和子叔姬一起返回到鲁国，行所谓的"反马"礼。春秋战国时贵族嫁女，以马车送至夫家，三月后，夫家认为新婚夫妻可以偕老，会把车留下，把马返还女家，这叫作反马。针对这一事件，《春秋》的记载是：

　　冬，齐高固及子叔姬来。

1.趹：或作"狱"。

《公羊传》对《春秋》经文的解读是："何言乎高固之来？言叔姬之来，而不言高固之来，则不可。子公羊子曰：'其诸为其双双而俱至者与。'"大意谓：《春秋》经文为什么说高固的到来？只说子叔姬的到来，却不说高固的到来，是不可以的。公羊高解释说，大概是因为他们"双双"到来的缘故吧！

这里的"双双"，当然可以理解为成双成对。其实，注家早说了"双行匹至，似于鸟兽"，还稍有贬抑。如果再追问：什么鸟，什么兽？在我们的文化传说中被认定为"成双成对"的鸟兽并不缺，比如鸳鸯，比如《诗经》中描述的相随而行的狐[1]。博学多闻的学者们也想到了这里的"双双"。

郭璞在注解"双双"时，特意引用了公羊高的话——"双双而俱至"。正如注疏者所言：

> 双双之鸟，一身二首，尾有雌雄，随便而偶，常不离散，故以喻焉。

但这里的"双双"，指的是鸟。

双双，不论是兽还是鸟，名实俱至，寓意好，学人们阐释得也好。神兽神鸟或走或飞，从山海进入历史，共生同构我们的精神世界。

阿山 | 原 文

有阿山者。南海之中，有氾天之山，赤水穷焉。赤水之东，有苍梧之野，舜与叔均之所葬也。爰有文贝[2]、离俞[3]、鸱久、鹰、贾[4]、委维[5]、熊、罴、象、虎、豹、狼、视肉。

1.《诗经·卫风·有狐》："有狐绥绥，在彼淇梁。"《毛传》："绥绥，匹行貌。"
2.文贝：紫贝，贝壳圆质，且洁白，有紫色斑纹，点缀有黑点，大者可至尺许。
3.离俞：离朱，亦见于前文。
4.贾：按郭璞注解，属鹰类；或以为是乌鸦之类的禽鸟。
5.委维：委蛇。

有一座山叫阿山。在南海之中，有一座氾天山，赤水最终流到这里。

穷，按郭璞注解，谓水流极于此山。按《西山经》记载，赤水发源于昆仑丘（山），向东南方流，最终注入氾天之水。

在赤水的东岸，有个地方叫苍梧野，是舜帝和叔均的埋葬之地。

叔均，即商均，相传为舜之子。舜南巡到苍梧而死去，即葬在这里。商均因此留下来，死后亦葬在这里。郭璞在这里特意注解说，基（墓）今在九疑之中。

相传舜以商均不肖，后使大禹继位。商均与尧之子丹朱，并为不肖子。

按前文《海内南经》的记载，与舜一起葬于苍梧之野的是丹朱，一在阳，一在阴，与这里的说法不同。这里的歧异，属传说杂闻，可并列平行。

这里有花斑贝、离朱、鸱鹠、老鹰、乌鸦、委蛇、熊、罴、大象、老虎、豹子、狼、视肉。

荣山　原文

有荣山，荣水出焉。黑水之南，有玄蛇，食麈[1]（zhǔ）。

有一座荣山，荣水从这里发源。

在黑水的南岸，有一种大黑蛇，以麈鹿为食。

玄，赤黑色；玄蛇，即通体黑色的大蛇。按郭璞的注文，他那个时代的南方有蚺蛇吞鹿的事情发生，与这里的玄蛇食麈相类。

1.麈：一种体形较大的鹿，尾可制成拂尘。

巫山

原 文

有巫山者，西有黄鸟。帝药[1]，八斋[2]。黄鸟于巫山，司[3]此玄蛇。

有一座巫山，在它的西面有一只黄鸟。

黄，通"皇"；黄鸟，即皇鸟，亦作"凰鸟"，属凤凰之类的鸟。

天帝的神仙不死之药，就在巫山这里的八个斋舍之中。黄鸟就在这巫山之上，监视着这里的大黑蛇。

这里有一条隐而不露的"食物链"：麋鹿，食这里的药草；玄蛇，吞食这里的麋鹿；黄鸟，在此监视着玄蛇。叙事者传递的是大荒世界的"生态"，不同物种在其位，谋其政，各安其命。

不庭山

原 文

大荒之中，有不庭之山，荣水穷焉。有人三身。帝俊妻娥皇，生此三身之国，姚姓，黍食，使四鸟。有渊四方[4]，四隅皆达，北属[5]黑水，南属大荒。北旁名曰少和之渊，南旁名曰从渊，舜之所浴也。

在大荒之中，有一座不庭山，荣水从荣山流出，最终流到了这里。附近有一种人，长

1.药：这里指神仙的长生不死之药。
2.斋：屋舍。
3.司：主掌，这里有监视之意。
4.四方：或当作"正方"。
5.属：连接。

着三个身子。

　　帝俊——舜的妻子叫娥皇，三身国的人是他们的后代子孙。三身国的人姓姚，以黄米为食，能驯化驱使四种野兽。

　　《海外西经》只叙写了三身国的相对位置，没有涉及其国之人的渊源。而后面的《海内经》有"帝俊生三身"的记载，而没有涉及帝俊之妻。这三处文字当串联在一起，综合起来解读。

　　这里有一个四方形的渊潭，渊潭的四个角皆可旁通，北边与黑水相连通，南边与大荒相连接。

　　北侧的渊，名叫少和渊；南侧的渊，名叫从渊，这里曾经是舜帝沐浴的地方。

成山　| 原 文

　　又有成山，甘水穷焉。有季禺之国，颛顼之子，食黍。有羽民之国，其民皆生毛羽。有卵民之国，其民皆生卵。

　　又有一座成山，甘水最终流到这里。

　　按《大荒东经》记载，"有甘山者，甘水出焉，生甘渊"，甘水出自甘山，且形成甘渊，流到这里也就穷尽了。

　　有个季禺国，这里的人都是颛顼帝的后裔，以黄米为食。还有个羽民国，这里的人身上都生长有羽毛。

　　羽民国，已见于《海外南经》。

　　又有个卵民国，这里的人都产卵，人从卵中孵化生出。

鸟类、鱼类、昆虫，还有爬行动物等，都由脱离母体的卵孵化而生。《庄子·知北游》："九窍者（人兽之类）胎生，八窍者（禽鱼之类）卵生。"人，当然是胎生的。志怪一类的叙事文字中，常会写到有"人"破壳而出。类似这样的"异闻"的流播，一方面有猎奇心在，一方面又在以异闻之"奇"，悄然确立并维护自身之"正"。

不姜山　原　文

大荒之中，有不姜之山，黑水穷焉。又有贾山，泜（qì）水出焉。又有言山。又有登备之山。有恝（qì）恝之山。又有蒲山，澧水出焉。又有隗（wěi）山，其西有丹[1]，其东有玉。又南有山，漂水出焉。有尾山。有翠山。

在大荒之中，有一座不姜山，黑水最终流到这里。

按《海内西经》记载，黑水发源自昆仑山西北角，流到不姜山附近就穷尽了。

又有一座贾山，泜水从这里发源。又有一座言山。又有一座登备山。

按郭璞注解，这里的登备山，即登葆山，"群巫所从上下者也"。登葆山，已见于前文的《海外西经》。

有一座恝恝山。又有一座蒲山，澧水从这里发源。又有一座隗山，它的西面蕴藏有丹腹，东面则有玉石。

再往南还有一座高山，漂水从这里发源。有一座尾山，还有一座翠山。

1.丹：丹腹，涂饰用的颜料。

翠山，之所以有此名，按郭璞注解，此山有翠鸟。

盈民国 原 文

有盈民之国，於姓，黍食。又有人方食木叶。

有一个盈民国，这里的人姓於，以黄米为食。又有人正在吃树的叶子。

有些种类的树的叶子，人类是可以采撷食用的。记得老家院子里的香椿树长出嫩嫩的叶芽时，老人家提醒我们用长长的竹竿去"钩"下来些，撒上盐面，轻轻揉，再熬点花椒水洒上，然后放到瓦罐子里。闷一闷，晾一晾，再捂一捂。取用时，叶芽变得黑乎乎的，切得碎碎的，再用香油调拌一下，夹在馒头里，咬一口，能嚼出春天的味道。

以上还只是人间美味，可不像这里的"食木叶"别有深意：

赤木、玄木，其叶皆可食，食之而仙也。（《吕氏春秋·本味》高诱注）

得有飞升成仙的奇迹或者神迹，关乎生命的超越，唯其如此，先民方有必要记录在此。只不过有些文字语焉不详，缺漏脱略了，我们得花些功夫把空白处填补上去，意义才能完整些。

不死国 原 文

有不死之国，阿姓，甘木是食。

有一个不死国，这里的人姓阿，以甘木为食。

甘木，按郭璞注解，即不死树，人食用它，即能长生不老。按《海内西经》记载，不死树生长在昆仑山上。不死民，则见于《海外南经》。

去痓山　　原文

> 大荒之中，有山名曰去痓。南极果，北不成，去痓果。

在大荒之中，有一座山名叫去痓山。

此山之名为"去痓"，深意何在？或以"痓"为"志"，或以"痓"为寒湿病。这些尚属探索性质的训释。参考一下，无妨。有学理依据，以文献为基础，自己"创意"一下去解读，亦无妨。例如，这个"痓"字，清代大学者王念孙校读为"痉"。《说文》："痉，彊急也。"彊急，即僵硬坚直。按传统中医学的理论，痉有虚、实二证。实证多因风、寒、湿、痰、火邪壅滞经络而成；虚证多为过汗、失血、素体虚弱、气虚血少、津液不足、筋失濡养、虚风内动所致。山上之木产果，或可祛除此病。

南极果，北不成，去痓果。

这三句经文的意义不详，有学者推测是不是巫师留传下来的几句咒语。不可解，就先不解。

不廷胡余　　原文

> 南海渚中，有神，人面，珥两青蛇，践两赤蛇，曰不廷胡余。

在南海的岛屿上，有一个神，长着人的面孔，耳朵上穿挂着两条青蛇，脚底下踩踏着两条赤蛇，名叫不廷胡余。

不廷胡余，按郭璞注解，"一神名耳"，意谓此神还有一个名字：耳。

因因乎 | 原 文

有神名曰因因乎，南方曰因乎，夸风曰乎民，处南极以出入风。[1]

有一个神，名叫因因乎，南方人称之为因乎。从南方吹来的风叫作乎民。因因乎处在大地的南极，主管风的起和停。

按前面《大荒东经》的记载，有名叫折丹的神，"处东极以出入风"。一个在东，一个在南，这两个神，为何要与"风"联系在一起？按传统的空间观，八卦中的巽卦☴在东南方位，而巽卦代表的是风。

1.按袁珂校注，此句经文或当作"有神名曰因乎，南方曰因，来风曰民，处南极以出入风"。

襄山

原 文

有襄山。又有重阴之山。

有人食兽，曰季釐[1]（lí）。帝俊[2]生季釐，故曰季釐之国。

有缗（mín）渊。少昊生倍伐，倍伐降[3]处缗渊。有水四方，名曰俊坛。

有一座襄山。又有一座重阴山。

有人正在吞食野兽的肉，名叫季釐。帝俊生了季釐，因此季釐后裔所在的国家叫作季釐国。

《左传·文公十八年》记载：

> 高辛氏有才子八人，伯奋、仲堪、叔献、季仲、伯虎、仲熊、叔豹、季狸，忠、肃、共、懿、宣、慈、惠、和，天下之民谓之八元。

这里的才子之"子"，不一定非得是帝喾直系的儿子，亦可是后裔。八人中的最后一个是季狸。此人或即这里的季釐。与之相配的德行是"和"，意谓体度宽简，物无乖争。

有一个缗渊。少昊生了倍伐，倍伐被贬住在缗渊。有一个水池是四方形的，名叫俊坛。

有水四方，按郭璞注解，谓水池的形状像一座土坛，由此称之为舜坛。或许这里的"俊坛"，即帝喾的后人用来纪念南巡的舜的。

1.季釐：又作"季厘"。
2.帝俊：这里指帝喾，号高辛氏。
3.降：贬谪，贬抑。

载民国

原 文

　　有载民之国。帝舜生无淫，降载处，是谓巫载民。巫载民
盼姓，食谷，不绩不经，服也；不稼不穑，食也。

　　爰有歌舞之鸟，鸾鸟自歌，凤鸟自舞。爰有百兽，相群爰
处。百谷所聚。

有个载民国。

舜帝生了无淫，无淫被贬到载这个地方，居处在这里的他的子孙后代便是所谓的巫
载民。

这里的载民国，即《海外南经》叙及的载国。载国人最大的特点，即皮肤是黄色的。
下面我们来看一下载国人的生产生活。

巫载民姓盼，以五谷为食，"不绩不经"。

绩，从糸，责声。《说文》："绩，缉也。"本义是把麻之类的丝线搓成绳，捻成
线。《诗经·豳风·七月》有"八月载绩"[1]，谓在八月份进行麻布纺织。

"经"（經）之金文作𦀠，从糸，巠声，本义为织布机上的纵线。经与纬——织机
上的横线相交叉，方可织成丝帛、麻布等布匹。绩、经，这里泛指纺织。

不绩不经，即谓不从事纺织，但这里特殊，巫载民却自然而然地有衣服穿。

他们还"不稼不穑"。

稼，本义为禾穗，指庄稼，这里引申为从事耕种；穑，本义为谷物成熟，这里指收获
谷物。不稼不穑，即谓不从事耕种，不收获谷物，却自然而然地有粮食吃。不做农事，却
有吃的，这是说这里的田土肥美，风调雨顺，五谷在这里生长，不用打理，即可吃上现
成饭。

1.载：语气助词，无实义。

这里有能歌善舞的鸟类，鸾鸟自由自在地歌唱，凤鸟自由自在地舞蹈。

这里有各种各样的野兽，它们群居相处。

这里还是各种农作物汇聚的地方。

这里是上古先民的桃花源和理想国，上面的描述让我禁不住发出向往的感慨："逝将去女[1]，适彼乐土。"（《诗经·魏风·硕鼠》）

融天山　原 文

大荒之中，有山名曰融天，海水南入焉。

在大荒之中，有一座山名叫融天山，海水从南面灌流进这座山里。

凿齿　原 文

有人曰凿齿，羿杀之。

有一个神人名叫凿齿，羿射死了他。

后羿杀凿齿，已见于《海外南经》。

1.女：通"汝"。

蜮山　　原 文

> 有蜮山者，有蜮民之国，桑姓，食黍，射蜮是食。有人方扞[1]（yū）弓射黄蛇，名曰蜮人。

有一座蜮山，附近有个蜮民国，这里的人姓桑，以黄米为食，以射杀的蜮为食。

蜮，按郭璞注解，读为"惑"音，一种短狐，像鳖，能含沙射人，被射中就会得病而死。因为此山出产这种异兽，故而以之来命名这座大山。《诗经·小雅·何人斯》有：

> 为鬼为蜮，则不可得。
> 有靦面目，视人罔极。[2]

这首作品，意在绝交。诗人把某某人——诗题中的"何人"的坏，比作鬼、蜮。不可得，指鬼、蜮皆是无形的、难得一见的怪物。只不过"何人"呢，俨然有人的面目，显示给人的却没有人的行为准则。

想一想，先民绝交时发诅咒，想必是在气头上，驱使的物象一定是冲口而出的，想到啥就是啥。由此可以推知，蜮这个藏在暗处害人的怪物，在那个蔓草荒芜的时代是多么深入人心。

蜮，又名射工、射影，古人认为它生活在水中，更形象地称之为"水弩"。

有人正拉开弓，准备射杀黄蛇，名叫蜮人。

蜮人，即蜮民。

1.扞：拉，张。
2.靦（tiǎn）：人的面目可见的样子；视：通"示"，表现出来；罔极：没有准则。

宋山　｜ 原文

　　有宋山者，有赤蛇，名曰育蛇。有木生山上，名曰枫木[1]。枫木，蚩尤所弃其桎梏，是为枫木。

　　有一座宋山，这里有一种赤红色的蛇，名叫育蛇。有一种树木生长在山上，名叫枫木。枫木，原来是蚩尤被黄帝抓获，并用刑具锁住，在被杀之后，那些掷弃的手铐脚镣就化成了枫木。

　　为何是枫木？最直观的，枫叶火红如血，且木质坚硬，似桎梏，与被缚禁锢、惨遭杀戮的叙事，或可形成异质同构的内在关联。枫木，其脂甚香，又称枫香树，李白的诗句突然蹦到脑海："纵死侠骨香，不惭世上英。"（《侠客行》）

　　蚩尤，其人有多个面相，作为部族首领，曾以金做兵器，与黄帝开战。抛开是非善恶，此人虽失败被杀，但主兵之神的威名还在。这里的文字叙事并无贬损之意。

　　自此以后，深秋时节再见枫树，无论是在北京的香山上，还是在诗人杜牧的诗作中，抑或任何一个地方，我肯定会停车，驻足，好好欣赏，与之神交，深交。枫树的叶子，红于二月的花。

　　另，还有所谓的"枫子鬼"。枫树年岁大了，即幻化为人形。枫树称得上灵怪之物。

祖状尸　｜ 原文

　　有人方齿虎尾，名曰祖状之尸。

　　有个神人正咬着老虎的尾巴，名叫祖状尸。

　　齿，甲骨文作 ，像张口露齿，金文作 ，战国时或作 ，从止，表声，篆文作 ，

1.枫木：似白杨树，叶圆而三裂，边缘有锯齿，秋季变为红色，有树脂而香，可入药。

本义为人的牙齿，这里用引申义——张开嘴用牙咬。

咬老虎的尾巴，意味着什么呢？

先来看《周易·履》的卦辞"履虎尾"。履，践踩；尾，尾巴。履虎尾，即踩到了老虎的尾巴。古时，一说到蹈虎尾、犯龙鳞，就意味着面对极具挑战性的高危工作。赶路人自己只顾前行，一下踩到了老虎的尾巴，此情此景确实很吓人。周穆王任命大臣君牙为大司徒，发布策命之文，其中有"心之忧危，若蹈虎尾，涉于春冰"（《尚书·君牙》）。

张开嘴，用牙咬老虎的尾巴，那就不是不小心的问题了，而是胆子大，能力强，很勇武吧？

焦侥国　

有小人，名曰焦侥之国，幾（jī）姓，嘉[1]谷是食。

有一个国家，这里的人都是三尺高的小人，这个国家名叫焦侥国。焦侥国的人都姓幾，以优良的谷米为食。

焦侥国，已见于《海外南经》。

1.嘉：美，善。

歼涂山

原 文

大荒之中，有山名歼（xiǔ）涂[1]之山，青水穷焉。有云雨之山，有木名曰栾。禹攻[2]云雨，有赤石焉生栾，黄本，赤枝，青叶，群帝焉取药。

在大荒之中，有一座山名叫歼涂山，青水最终流到这座山的区域就穷尽了。

青水，即清水。《西山经》的昆仑之丘有"洋水出焉"的记载，郭璞注解说，洋，或作"清"。

这里的"歼"，古同"朽"，而"朽"和"丑"声相近。按《西山经》记载，昆仑之丘有丑涂水，洋水向西南流，最后注入丑涂水。如此来看，书里的丑涂水、丑（歼）涂山，稍稍有了着落。这样，我们心里才踏实一点：经文昭昭乎，不我欺也！

还有一座云雨山，山上有一种树，名叫栾。大禹在云雨山砍伐树木，发现红色的岩石上忽然生出栾树，黄色的树干，红色的枝条，青色的叶子。这种树的花和果实都是神药，于是诸帝就来到这里采药。

岩石上生长出树木，即如郭璞注所言，谓此山有精灵，变化而生出此木。

伯服国

原 文

有国曰颛顼，生伯服，食黍。有鼬姓之国。有苕山。又有宗山。又有姓山。又有壑山。又有陈州山。又有东州山。又有白水山，白水出焉，而生白渊，昆吾之师所浴也。

1.歼涂：丑涂，见《西山经》之"昆仑之丘"。
2.攻：这里指砍伐树木。

据传世文献记载，颛顼生了偶。偶，字伯服。由此，经文中"有国曰"之后当补"伯服"二字，然后再句读为"有国曰伯服，颛顼生伯服"。

有个国家叫伯服国，颛顼生了伯服，伯服的后裔便形成了伯服国，这里的人以黄米为食。

附近还有个鼬姓国。

有一座苕山。还有一座宗山。又有一座姓山。又有一座壑山。又有一座陈州山。又有一座东州山。

还有一座白水山，白水从这里发源，然后流下来汇聚成白渊，这里是昆吾之师洗浴的地方。

昆吾，这里为古时诸侯的名号。昆吾，还为山名，前见于《中山经》。

昆吾之师，此处的"师"不是今天常说的"老师""师傅"的"师"，而应当"师众"来理解。《周易》一书有《师》卦。"师"（師）之西周金文作𠂤，会意字。自，积聚也；帀，周遍也，皆表众多。师的本义为军队驻屯。《师》卦，下坎上坤，地中有水，有聚众之象。《象传》解释说："师，众也。"由此看来，白渊，乃是昆吾部族的众人或军旅沐浴的地方。

张弘国 | 原 文

有人曰张弘，在海上捕鱼。海中有张弘之国，食鱼，使四鸟。

有个人叫张弘，在海上捕鱼。海中岛屿上有个张弘国，这里的人以鱼为食物，能驯化驱使四种野兽。

张弘，作为一个人名，今天来看寓意美好，讨人喜欢。但是，若放在《山海经》的叙述文本中，从上下文到言语味道乃至氛围，都显得格格不入，太"现代"了——估计晋代的郭璞都有如此感受。

如何把这种独具突兀感的语词给化解掉呢？先看郭璞的注解：

> 或曰即奇肱人，疑非。

有学者慧眼独具，"诊断"出郭璞犹豫摇摆的症结所在：《海外西经》中有"奇肱之国"，郭璞注解说"肱或作弘"，肱、弘声同，古字是可以通用的，"似此张弘即奇肱矣，然'张'非'奇'也，故郭又云'疑非'也"（袁珂校释语）。

有学者提出"张弘"，莫非是"长肱"？张、长这两个字长得相近啊，长肱，就是长臂膀，用长长的臂膀在海里抓鱼，多方便啊！《海外南经》中有长臂国，还有"捕鱼水中"的叙写，两者不正相符嘛。有道理。

讙头国

原 文

> 有人焉，鸟喙，有翼，方捕鱼于海。大荒之中，有人名曰讙头。鲧妻士敬，士敬子曰炎融，生讙头。讙头人面鸟喙，有翼，食海中鱼，杖翼而行。维[1]宜芑（qǐ）苣（jù）[2]，穋[3]（lù）杨是食。有讙头之国。

有一种人，长着鸟的嘴巴，有翅膀，正在海上捕鱼。

在大荒之中，有个人名叫讙头。

讙（讙）头，已见于《海外南经》。

鲧的妻子是士敬，士敬的儿子叫炎融，炎融生了讙头。讙头长着人的面孔、鸟的嘴

1.维：语助词，无实义。
2.芑、苣：两种蔬菜类植物，或以为是谷类。
3.穋：黑色谷类植物。

巴，生有翅膀，以海中的鱼为食，有翅膀却不能飞行，只能依仗着翅膀去行走。他也会把芑、苣、穋和杨树的叶子调配成食物来吃。

后来就有了驩头国。

岳山 ｜ 原 文

帝尧、帝喾、帝舜葬于岳山[1]。

爰有文贝、离俞、鸱久、鹰、贾、延维[2]、视肉、熊、黑、虎、豹；朱木，赤枝、青华、玄实。

有申山者。

帝尧、帝喾、帝舜都葬在岳山。这里有花斑贝、离朱、鸱鹠、老鹰、乌鸦、委蛇、视肉、熊、黑、老虎、豹子；还有朱木，长着红色的枝干，开青色的花朵，结黑色的果实。

后文的《大荒西经》中亦有"朱木"，与这里的状貌相近。

还有一座山，名叫申山。

1.岳山：《海外南经》中的狄山。
2.延维：上文所说的委维。

天台山 | 原文

大荒之中，有山名曰天台高山[1]，海水入焉[2]。

在大荒之中，有一座山名叫天台山，海水从山的南边流进山中。

海水之所以进入到山内，大致是大海涨潮时，海水顺着河道逆入。

羲和国 | 原文

东南海[3]之外，甘水之间，有羲和之国。有女子名曰羲和，方日浴[4]于甘渊。

羲和者，帝俊之妻，生十日。

在东海之外，甘水之间，有一个羲和国。这里有个女子，名叫羲和，正在甘渊中给她的太阳孩子洗澡。

从以上描述来看，羲和，是太阳的母亲。按郭璞注解，羲和，"盖天地始生，主日月者也"。主日月，即掌管日月出入和升降，如此运行，方有了白昼的明和黑夜的晦。其中最主要的当然是羲和之子——太阳，从"旸谷"出来升起。后世的尧帝因此而立羲和这一官职，主四时——观天象，制历法，后形成治理国家的一大传统。

郭璞的解释赋予这一神话叙事以强大的理性精神和政治建构："作日月之象而掌之，沐浴运转之于甘水中，以效其出入旸谷、虞渊也，所谓世不失职耳。"天上的，"日月不过，四时不忒"[5]（《周易·豫·象传》）；地上的设官分职，羲和主掌时历，亦当不失职守。

1.天台高山：或当作"天台"，无"高山"二字。
2.海水入焉：或当作"海水南入焉"。
3.东南海：或当作"东海"。
4.日浴：当作"浴日"。
5.过：错过；忒：差错。

羲和这个女子，是帝俊的妻子，生了"十日"。

后羿射日，是因为天上有十日并出。十日，即十个太阳。

这里的"十日"，又该做何解呢？

按郭璞注解，羲和生了十个孩子，每个孩子各以"日"来命名之，"故言生十日，（日）数十也"。以人事解，人情味十足。

十日，还可从时历的角度讲。干者，日之神也。十日，即十干（甲、乙、丙、丁、戊、己、庚、辛、壬、癸）表示的日子。羲和既然主掌天时历法，不失其职，那么，天有十日，亦容不得丝毫错乱。

盖犹山　｜　**原　文**

有盖犹之山者，其上有甘柤，枝干皆赤，黄叶，白华，黑实。东又有甘华，枝干皆赤，黄叶。有青马。有赤马，名曰三骓。有视肉。

有一座盖犹山，山上生长有甘柤树，枝条和树干都是红色的，叶子是黄色的，花朵是白色的，果实是黑色的。

甘柤，已见于《海外北经》。

山的东端还生长有甘华树，枝条和树干都是红色的，叶子是黄色的。有青马。还有赤马，名叫三骓。有视肉。

甘华，已见于《海外北经》。青马，已见于《海外东经》。三骓之名，已见于《大荒东经》。《大荒东经》的东北海外，"三骓"两次出现，按郭璞注解，马的毛色苍白相杂为骓，而这里的赤马，其名为"三骓"。

菌人

有小人名曰菌人。

有一种十分矮小的人，名叫菌人。

《大荒东经》有"有小人国，名靖人"，菌人、靖人，音相近，可放在一起。

菌，按郭璞注解，"音如朝菌之菌"。其实，菌人之"菌"，非但读音，其义亦当从"朝菌"入手释读。《庄子·逍遥游》有"朝菌不知晦朔"。朝菌，可能是一种大芝，生在朽壤粪土上，活在阴处，见到日头则死。这种朝生暮死，只有一天生命的菌类植物，怎能知道一个月的终始！菌，从艸，囷声，本义为伞状植物。《说文》："菌，地蕈也。"地蕈，郭璞注《尔雅》有言："似盖，今江东名为土菌。"生长在森林里或草地上，地下部分为菌丝，地上部分为帽状的菌盖和杆状的菌柄。

菌人的理解，有两个方向：一是小，像菌类植物那样小；二是像朝菌一样，朝生暮死，生命极短。

古书记载有山中的小人，即类如肉芝。

南类山

有南类之山。爰有遗玉、青马、三骓、视肉、甘华，百谷所在。

有一座南类山。这里有遗玉、青马、三骓马、视肉、甘华树，各种各样的农作物都在这里生长。

以上为《大荒南经》，整体上可视为第十五篇。

卷十六

大荒西经

不周山

原 文

西北海之外，大荒之隅，有山而不合，名曰不周负子，有两黄兽守之。

有水曰寒暑之水。水西有湿山，水东有幕山。

有禹攻共工国山。

在西北海之外，大荒的一个角落，有一座大山，山断裂开了，合拢不上，名叫不周山。

负子，其他古籍在称引这段经文时，皆无"负子"二字，或当为衍文。

不周山有两头黄色的神兽在守护着。

"周"之甲骨文作 ▦ ▦，金文作 ▦，显然为象形字，构形意图不甚明确。或以为方格纵横均匀，又有文采点画其中，为"雕"之初文；或以为似农田，点画为庄稼禾苗。大体可看出"周"有后世的周匝、周密之义。"周"之金文另有作 ▦，则从口，▦ 声，为方国之名。不周，即如郭璞注解所言，"缺坏""不周匝[1]"。山为何有缺，崩坏了呢？郭璞注引《淮南子·天文训》：

> 昔者共工与颛顼争为帝，怒而触不周之山，天柱折，地维绝。

天柱，是支撑住天的柱子。按《神异经》的描述，昆仑山有铜柱，高可入天，即所谓的"天柱"，"围三千里，周圆如削"。

地维，简而言之，就是维系大地的绳子。自古以来，我们有天圆地方的观念。上面的天，由九根大柱来支持；下面四四方方的地，则由四条大绳索来系缀住，类似于今天的斜拉索大桥工程。

天神间的争斗，使得山断裂开来，是为山之"不周"。

1.匝（帀）：甲骨文作 ▮，从颠倒的"之"（▮）——有前往达到之意，反过来则有回复环绕之意。《说文》："帀，周也。" 环绕一周为一匝。

有一条水流，名叫寒暑水。寒暑水的西面有一座湿山，东面有一座幕山。
还有一座禹攻共工国山。

这个山名，一看就是有故事的。

按郭璞注解，大禹攻伐共工国，在此山杀死了共工国的臣属相柳。共工的"气性"好
像挺大，状貌是怎样的呢？郭璞注引《归藏·启筮》：

> 共工，人面蛇身，朱发。

《神异经》还补充说，共工有人的手和脚，以五谷、禽兽为食。共工"招打""被
灭"的缘由，《逸周书·史记》篇有交代：

> 昔有共工自贤，自以无臣，久空大官，下官交乱，民无所附。唐氏伐之，共工
> 以亡。

这里的唐氏，即唐尧。共工是在自以为"贤"的前提下，试图冲破现有秩序的束缚，
由此尧帝命大禹前往攻灭之。此时的共工，当有其国。山，于是有了一个有故事的名字：
禹攻共工国。

淑士国 | 原 文

> 有国名曰淑士，颛顼之子。

有个国家名叫淑士国，这里的人都是颛顼帝的子孙后代。

颛顼，为"五帝"之一，号高阳氏。既然是颛顼的后裔，也就是说，淑士国的人出自
高阳氏。

神十人

原　文

有神十人，名曰女娲之肠，化为神，处栗广[1]之野，横道[2]而处。

有十个神人，名叫女娲肠。

女娲之肠，按郭璞注解，或作"女娲之腹"。

女娲肠，是女娲的肠子变化而成的神，居处在称作栗广的原野之上。

娲，从女，呙声。《说文》："娲，古之神圣女，化万物者也。"称女娲更彰显其女儿身，古书上或说是涂山氏之女，或说是伏羲之妹。女娲，在传说中还是古帝王。比如东汉大儒郑玄就认为，女娲承续伏羲而为帝，故又称"娲皇"。例如《红楼梦》第一回中即有：

> 原来女娲氏炼石补天之时，于大荒山无稽崖炼成高经十二丈、方经二十四丈顽石三万六千五百零一块。娲皇氏只用了三万六千五百块，只单单剩了一块未用，便弃在此山青埂峰下。

文中的女娲氏、娲皇氏所指为一，但前者的称谓顺承古老神话的经典叙事——"女娲炼五色石以补苍天"（《淮南子·览冥训》），突出的是"炼"；而后者则有政序相参的意味，强调的是"用"。

按郭璞注解，女娲，"古神女而帝者"，兼顾性别身份和为帝两个维度，"人面蛇身，一日中七十变，其腹（或作'肠'）化为此神"。女娲，称王为王于天下，有圣德，能七十变化，一体而化为十神，可谓灵明巧慧。《红楼梦》的叙事者以精细的笔触书写了"神女而帝"的内涵。

女娲肠腹所化的这些神明横在道路上，截断了道路，就这样居处在原野上。

1.栗广：原野名。
2.横道：横在道上，犹断道。

这让我们想起了热乎乎的肠子，或是连接胎儿和胎盘的脐带，柔软，温热，盘曲。正是因为有这不二法门的"纽带"，血脉得以灌注，养分得以补给。

屈原曾在《天问》中发问：

女娲有体，孰制匠之？

传说中创造了人类的女娲，她自己怪异的形体，又是谁设计制造的呢？女娲，不但可以抟土造人，还可以以自己的方式去造化神明，我们似乎还可以继续追问：女娲的创生能力是谁赋予的呢？

石夷 ┃ 原 文

有人名曰石夷，来[1]风曰韦，处西北隅以司日月之长短。

有个神人，名叫石夷。

根据袁珂先生对《山海经》一书"文例"的洞见，《大荒东经》有"（有神）名曰折丹——东方曰折"，《大荒南经》有"有神名曰因乎，南方曰因"，这里的"名曰石夷"下面，当疑脱了"西方曰夷"四字。我们在理解经文时，应当补上。

西方人则单称之为夷。从西方吹来的风称作韦。
石夷处在大地的西北角，以掌管太阳和月亮升降起落时间的长短。

日月光影，有长有短。观察投射到测量器具的影子的长短，以确定时历。
西北隅，这一方位与主掌日月之长短有何关系？另外，在《大荒东经》中有"是处东极隅以止日月，使无相间出没，司其短长"的记载。郝懿行的视角，值得我们关注：西北

1.来：按郭璞注解，或作"本"。

隅是日月行进不到的方位，然而日月的光辉仍可以照射到，由此亦当有"暑度短长"，顺带着当有神明来主管掌握。

狂鸟

原 文

有五采之鸟，有冠，名曰狂鸟。

有一种长着五彩翅羽的鸟，头顶有冠，名叫狂鸟。

狂，或作"鵟"。郭璞注引《尔雅》："狂，梦鸟。"

大泽长山

原 文

有大泽之长山。有白氏之国。

有一座大泽长山。有一个白民国。

白氏，当作"白民"，白民国已前见于《海外西经》《大荒东经》。

长胫国

原 文

西北海之外，赤水之东，有长胫之国。

在西北海之外，赤水以东的地方，有个长胫国。

长胫，按郭璞注解，谓脚很长，长三丈（或作"尺"）。一般的理解是，长胫就是长股，即腿很长。《海外西经》中有"长股国"。

西周国   原　文

有西周之国，姬姓，食谷。有人方耕，名曰叔均。帝俊生后稷，稷降以百谷。稷之弟曰台玺，生叔均。叔均是代其父及稷播百谷，始作耕。有赤国妻氏。有双山。

西周，通常我们理解为一个朝代名，从周武王灭商始，到周幽王被杀为止，以镐京为都城，然后是周平王东迁洛邑，镐京在西，而洛邑在东，故称西周。

在战国时期，西周还是一个小国的国名。周考王（前四四〇年—前四二六年在位）将王城故地分封给自己的弟弟揭，建立西周国，都城在河南（今河南洛阳西）。前二五六年，西周为秦所灭。

这里的"西周"之国，要古老得多。首先，要先追溯到周太王——古公亶父，这位周族的领袖，相传为后稷的第十二代孙，周文王的祖父。在戎、狄族的逼进下，周太王率领族人由豳（今陕西旬邑西南）迁到岐山下的周原（今陕西岐山北）。其次，由周太王再往前上推，始祖后稷的受封之地邰，即陕西武功西南，或即这里所谓的"西周"之国。

有个西周国，这里的人姓姬，以谷米为食。

黄帝，居姬水，即以姬为姓。

有个人正在耕田，名叫叔均。
帝俊生了后稷。

帝俊，即帝喾，名叫夋（俊），他的第二个妃子姜嫄氏生了后稷。

后稷把各种谷物的种子从天上带到人世间。

人们认为后稷是开始种稷和麦的人。

后稷的弟弟叫台玺，台玺生了叔均。叔均代替自己的父亲和伯父后稷播种各种谷物，开始创造耕田的方法。

当然，按《海内经》记载，叔均又是后稷的孙子，开创了农业上的牛耕技术。若经文"稷之弟"中的"弟"为"子"的话，两处记载就可以一致了。或许理性的处理方式是把文字的"错乱"理解为传闻自身有分歧，存在不同，暂不必强行统一。

有个人叫赤国妻氏。有一座双山。

方山　　原 文

西海之外，大荒之中，有方山者，上有青树[1]，名曰柜（jǔ）格[2]之松，日月所出入也。

在西海之外，大荒之中，有一座方山，山上有棵青色的大树，名叫柜格松。这里是太阳和月亮出入的地方。

1.青树：或作"青松"。
2.柜格：树木名。

天民国

原 文

西北海之外，赤水之西，有先民之国，食谷，使四鸟。

先民，当作"天民"。《淮南子·地形训》记载的海外三十六国中有天民国。

在西北海之外，赤水的西岸，有个天民国，这里的人以谷米为食，能驯化驱使四种野兽。

北狄国

原 文

有北狄之国。黄帝之孙曰始均，始均生北狄。

有个北狄国。黄帝的孙子叫始均，始均的后裔繁衍而形成了北狄国。

芒山

原 文

有芒山。有桂山。有榣（yáo）山，其上有人，号曰太子长琴。

颛顼生老童，老童生祝融，祝融生太子长琴，是处榣山，始作乐风。

有一座芒山。有一座桂山。

有一座榣山，山上有一个人，号称太子长琴。

芒山，为何叫"芒山"，郭璞没有给出解释，但他倒是把桂山和榣山贯串在一起，注解说：多桂木，多榣木，故以之命名。那么，芒山呢？有学者推测说，是不是山上多"芒草"呢？未尝不可。《中山经》中有叫"芒草"的草木出现过，只是它所在之山名为"蔰山"。不过，这里是大荒西，芒山以芒草为优势物种而得以命名，并非不可能。

号，称号。从称号中大致可以看出这个人的身份（太子）和特长（长琴）。下面的行文，是对称号的进一步阐述和说明。

颛顼生了老童，老童生了祝融，祝融生了太子长琴。太子长琴就居处在榣山之上，开始创作乐曲，风行于世。

按《吕氏春秋·古乐》记载，帝喾命名为咸黑的大臣创作音乐，咸黑创制出《九招》《六列》《六英》。大臣倕又制作出各种乐器。帝喾让人演奏这些乐器，让凤鸟、天翟随乐舞蹈。

老童，郭璞注引《世本》："颛顼娶于滕隍氏，谓之女禄，产老童也。"老童，亦作耆童，亦为神，曾出现在《西山经》的騩山，"神耆童居之，其音常如钟磬"，与音乐有关系。

祝融，按郭璞注解，即重黎，为帝喾时的火官，死后被尊为火神。《国语·郑语》："夫黎为高辛氏火正，以淳耀敦大，天明地德，光照四海，故命之曰'祝融'，其功大矣。"

由此来看，太子长琴的音乐创制，自有渊源和传统。

三鸟 | 原 文

有五采鸟三名：一曰皇鸟，一曰鸾鸟，一曰凤鸟。

有三种长着五彩翅羽的鸟：一种叫凰鸟，一种叫鸾鸟，一种叫凤鸟。

这三种鸟都是吉祥之鸟。今天我们已经不大区分了，直接以"凤凰"概括之。

有虫状
如菟

原文

有虫状如菟[1]，胸以后者裸不见，青如猨[2]状。

包括人、鸟兽等在内的动物皆可称为"虫"。鸟类是羽虫，兽类为毛虫，龟类乃甲虫，鱼类称鳞虫，人类则为裸虫。这里的"虫"，当特指毛虫，即野兽。

有一种野兽，形貌和普通的兔子相似，胸脯以后的部分全裸露着，却分辨不出来，这是因为它的皮毛是青色的，好像猿猴的皮毛，把裸露的部分给遮蔽住了，和猿猴区别不开。

不见，意谓不能呈现出来，人分辨不清楚。"青如猨状"的"状"，不是指具体形状，而是谓颜色的深浅达到某种程度的样态。

这种兽类应该是㲄（chuò），甲骨文作 ，篆文作 。《说文》："㲄，兽也。似兔，青色而大。……头与兔同，足与鹿同。"㲄长着兔子的头、鹿的脚。

丰沮玉
门山

原文

大荒之中，有山名曰丰沮玉门，日月所入。

在大荒之中，有一座山名叫丰沮玉门山，这里是太阳和月亮落下的地方。

1.菟：通"兔"。
2.猨：同"猿"。

灵山

原　文

有灵山，巫咸、巫即、巫盼、巫彭、巫姑、巫真、巫礼、巫抵、巫谢、巫罗十巫，从此升降，百药爰在。

下面是一个"巫师团"，以"灵山"为集结点。

有一座灵山，巫咸、巫即、巫盼、巫彭、巫姑、巫真、巫礼、巫抵、巫谢、巫罗等十个巫师，从这里上下往来于天上和人世间。各种各样的药材就生长在这里，他们可以顺便在这里采撷，以便治病救人。

类似于"从此升降，百药爰在"的语句，我们还须以"文在此而义在彼"的方式去理解文句，释读意旨。[1]既然巫师们从这里上上下下、来来往往，既然这里有治病之百药，那么他们难道不干点啥？以人情事理揣度之，即如郭璞注解所言，"群巫上下此山采之也"。

《海外西经》中已有一个"巫咸国"，这里又有一个"巫咸"，两者的关联值得我们注意。

巫咸的身份和特长，在古书中交光互影，无妨简单梳理。黄帝时期有巫咸，他以自己的占筮之术参与到黄帝、炎帝涿鹿之战的大事件中：

> 昔黄帝与炎神争斗涿鹿之野，将战，筮于巫咸。（《太平御览》卷七十九引《归藏》）

此时的巫咸是一个筮者。

唐尧之时亦有巫咸，他方术高超，生前死后都非常了得："盖巫咸者，实以鸿术为帝尧医。生为上公，死为贵神。"（郭璞《巫咸山赋·序》）这里的巫咸主要是一个医者。

那么，"灵山"如何理解呢？先看"灵"和"巫"两个字之间的关联。按王国维《宋元戏曲考》之见，古之所谓巫，楚人谓之灵。

"灵"（靈）之金文作▨，从示，表与祀神祈福有关；居延简写作▨，从玉，表以

1.见西晋·杜预《春秋左传集解序》，史传之体例中有"微而显"。

玉事神，皆霝声。《说文》："霝，霝巫，以玉事神。"霝，同"靈"，为"靈"的或体。灵之本义，即古时楚人以乐舞降神、以玉事神的巫。从字源上来看，灵山，其实也就是巫山，怪不得有这么多小巫大巫驻扎在这里。

《大荒南经》中的"巫山"，其中叙及"帝药""八斋"，与此处的灵山有类似的关系。由此，我们可以推测灵山或即巫山。

西王母山

原 文

西有王母之山、壑山、海山。有沃之国[1]，沃民是处。沃之野，凤鸟之卵是食，甘露是饮。凡其所欲，其味尽存。爰有甘华、甘柤、白柳、视肉、三骓、璇[2]瑰、瑶碧、白木、琅玕、白丹、青丹，多银铁。鸾凤自歌，凤鸟自舞，爰有百兽，相群是处，是谓沃之野。

西有王母之山，当作"有西王母之山"。《西山经》中有长着豹尾虎齿的"西王母"，西方有西王母之国，是所谓四方昏荒之国中的一个。

有西王母山、壑山、海山。

这几座山，按郭璞注解，是结成群的大灵之山。
接下来的国度以"沃"命名，按郭璞注解，即土地丰饶肥沃。
古人对土地田野的区分命名值得我们留意：广平曰原，下湿曰隰，下平曰衍，有溉曰沃。肥美的土地离不开水，离不开江河的冲刷冲积。
沃土之下，人民多么幸福，多么自在。

1.沃之国：当作"沃民之国"。
2.璇：当作"璿"。璿瑰，玉石名。

有个沃民国，沃民就居处在这里。生活在这片沃野之上的人们，吃的是凤鸟生的蛋，喝的是天降的甘露。凡是他们心里想要尝到的美好滋味，都能在凤鸟蛋和甘露水中品尝到。

这里还有甘华树、甘柤树、白柳树、视肉、三骓马、璇玉瑰石、瑶玉碧玉、白木、琅玕、白丹、青丹，还盛产银和铁。

白木，按郭璞注解，谓树色正白，接着他又补充说"今南方有文木，亦黑木也"。文木，即所谓材质密致、色黑如水牛角的乌木。

丹，谓颜料。郭璞注解说，除了白丹、青丹，还有黑丹；"然则丹者别是彩名，亦犹黑白黄皆云丹也"。

鸾鸟自由自在地歌唱，凤鸟自由自在地舞蹈，还有各种走兽，它们群居相处，协睦亲和，所以称之为"沃野"。

耕作之人或者说庄稼人念兹在兹的，当然是拥有一片沃土。

春秋时期，鲁国大夫公父文伯的母亲，虽富贵，仍劳作不休，亲手做纺绩的活计，儿子劝阻，这位知书达理的母亲讲了一番道理：

> 夫民劳则思，思则善心生；逸则淫，淫则忘善，忘善则恶心生。沃土之民不材，逸也；瘠土之民莫不向义，劳也。（《国语·鲁语下》）

正因土地贫瘠，其利微薄，老百姓总是劳作苦累。勤劳于事，则思俭约，善心生，不生淫逸之弊。

肥美土地之上的老百姓，他们的才能器术会少很多。很难成材，是因为他们太容易就富足了。贫瘠土地上的人，反而因勤劳而一心慕义向善。

这是一位有远见卓识的母亲的告诫，她从无丝毫怠惰。孔夫子听闻之后都大为赞赏。

无比幸福的沃野之人，别来无恙乎！

三青鸟

原 文

有三青鸟，赤首黑目，一名曰大鸷（lí），一名少鸷，一名曰青鸟。

有三只青色的大鸟，红红的脑袋，黑黑的眼睛，一只叫大鸷，一只叫少鸷，一只叫青鸟。

轩辕台

原 文

有轩辕之台，射者不敢西嚮射，畏轩辕之台。

嚮，作"乡"，同"向"。《大荒北经》有："有共工之台，射者不敢北乡。"依此文例，"西嚮"后的"射"字当为衍文。

有一座轩辕台，射箭的人都不敢朝西方射，这是因为敬畏轩辕台上（黄帝）的神威。

轩辕之台，即轩辕丘，前文《海外西经》有"不敢西射，畏轩辕之丘"。丘和这里的"台"的意思是一样的，为黄帝所居之地。

龙山

原 文

大荒之中，有龙山，日月所入。有三泽[1]水，名曰三淖（nào），昆吾之所食也。

1.泽：这里用作动词，汇聚。

在大荒之中，有一座龙山，这里是太阳和月亮落下的地方。

有三片汇聚而成的水域，名叫三淖，昆吾族人在此处取得"食物"。

古时有所谓采邑制度，盛行于周。帝王或君主赐予臣下封地田邑（包括土地上的劳动者）作为世禄，受赏之人即以此地为食邑。这里的"食"，当理解为"食邑"。

昆吾，有山，昆吾山（《中山经》）；昆吾，有丘，昆吾丘（《海内经》）。昆吾，还是部族名，昆吾师（《大荒南经》）；亦是诸侯国名，例如《诗经·商颂·长发》有：

> 九有有截，韦顾既伐，昆吾夏桀。

九有，一作"九域"，即九州；有截，即截截，齐一的样子，这里谓九州统一，天下都归于商汤。韦、顾皆为夏时的小国，为商汤所灭。昆吾，一个古老的部族，相传为颛顼之后，己姓；亦是国名，夏的附属，其国人善于制造陶器和铸造铜器，夏曾命人在昆吾铸鼎。夏桀，夏代最后的君主。

昆吾，在夏商之际是最强盛的，它和一众小国都被商汤攻灭。

女丑尸 ｜ **原 文**

> 有人衣青，以袂[1]蔽面，名曰女丑之尸。

有个人穿着青色的衣服，用袖子遮住面庞，名叫女丑尸。

同样是女丑之尸，《海外西经》的描述是"以右手鄣其面"，用右手遮住脸庞，而这里说的是用衣袖。之所以不同，大概是因为原图上的画像本身就不一样，或者是进一步的细节说明。

1.袂：衣服袖子。

女子国 | **原 文**

> 有女子之国。

有个女子国。

女子国，已见于《海外西经》。郭璞在此处有注解，称引的资料本自《三国志》。关于女子国，我们无妨直接从《三国志》那里获得更多的讯息：

> 王颀别遣追讨宫，尽其东界。问其耆老："海东复有人不？"耆老……又言有一国亦在海中，纯女无男……其域皆在沃沮东大海中。（《三国志·魏志·东夷传》）

王颀之事，发生在毌（guàn）丘俭（？—二五五年）率军出征高句丽之时。沃沮，古县名，汉武帝时期始置，治所在今朝鲜咸镜南道咸兴。

纯女无男之国在世界尽头的那边，在茫茫的大海之中，而这一切又经由当地的老人家转述而来。虽是史家叙事，但真实可信的程度有多大，我们只能望向烟波浩荡处——那里愈加缥缈混茫。

桃山 | **原 文**

> 有桃山。有蛮（méng）山[1]。有桂山。有于土山。

有一座桃山。有一座蛮山。有一座桂山。

前文已叙及芒山、桂山。

1.蛮山：或即"芒山"。

还有一座于土山。

丈夫国 | **原 文**

　　有丈夫之国。

有个丈夫国。

丈夫国，已见于《海外西经》。郭璞注解说，丈夫国，就是其国只有男子而无妇人。

弇州山 | **原 文**

　　有弇（yān）州之山，五采之鸟仰天，名曰鸣鸟。爰有百
　　乐歌儛之风[1]。

有一座弇州山，这里有一种长着五彩翅羽的鸟正仰头向天，名叫鸣鸟。

鸣鸟，属凤凰之类，或即《海内西经》中的"孟鸟"。仰天，按郭璞注解，即张开嘴仰天鸣叫。

于是乎，这里有各种各样乐曲歌舞的风行。

1.风：风曲，曲声。

轩辕国

原　文

有轩辕之国。江山之南栖为吉，不寿者乃八百岁。

有个轩辕国。

按郭璞注解，这里的人都是人的面孔、蛇的身子。

这里的人把栖居在江河山岭的南边当作吉利，即便是寿命不算长的人也能活到八百岁。

按《海外西经》记载，轩辕国在穷山。由此，郭璞认为这里的"江山"当指穷山之际，且这里的人栖居在山上。

《周易》最讲吉凶，简而言之，即福祸。《周易·系辞上》："方以类聚，物以群分，吉凶生矣。"按王弼注："顺其所同，则吉；乖其所趣，则凶。"天地之道以阴阳交合为类，相聚在一起；万物有阴有阳，以群来区分，吉祥和凶险由对天地阴阳之道的顺从或乖悖而产生。

这里的吉，按郭璞注解，特指"无凶夭"。凶，与"吉"相对，不吉利，恶；夭，短命，早死。活到八百岁，算是夭折，算凶恶，那么正常的活法呢？郭璞注云："寿者数千岁。"很好奇，如此大的时间跨度，又有谁能来计量呢？

弇兹

原　文

西海陼[1]中，有神人面鸟身，珥两青蛇，践两赤蛇，名曰弇兹。

1.陼：同"渚"，小洲，水中的小块陆地。

在西海的岛屿上，有个神人，长着人的面孔、鸟的身子，耳朵上穿挂着两条青蛇，脚底下踩踏着两条赤蛇，名叫弇兹。

记得类比一下：《海外北经》中的"禺彊"，与这里的弇兹神很相似，只是脚下的蛇颜色不一样。

日月山

原 文

大荒之中，有山名日月山，天枢也。吴姖[1]天门，日月所入。有神，人面无臂，两足反属[2]（zhǔ）于头山[3]，名曰噓。颛顼生老童，老童生重及黎[4]，帝令重献上天，令黎邛下地，下地是生噎，处于西极，以行日月星辰之行次[5]。

天有天枢，道有道枢。

"枢"（樞）之篆文作樞，从木，区声，本义为门的转轴或承轴的臼。常言道：流水不腐，户枢不蠹。枢，可引申为事物的中心或关键。

天枢，在天上，是星的名字，即北斗第一星；在地上，喻指国家的中央政权，古时的帝王就是"握天枢""秉地轴"之人；在人体，是穴位的名字，位于腹部脐旁二寸，属足阳明胃经，为大肠之募穴。

甚而，抽象的"道"都有自己的枢纽。《庄子·齐物论》认为当"彼"和"此"之间不对立、不相待，是非两化而道存，即谓之"道枢"。《山海经》一书具体地把大荒之中的一座山当作"天枢"。

1.姖：或作"姬"。
2.属：连缀。
3.山：当作"上"。
4.重、黎：重，神话传说中掌管天上事务的官员南正，属神；黎，管理人类的官员火正，属民。
5.行次：日月星辰运行的规律。行，运行；次，次舍，止息。

在大荒之中，有座山名叫日月山，这里是天的枢纽。

日月山的主峰叫吴姬天门山，这里是太阳和月亮落下的地方。

有一个神，长着人的面孔，却没有臂膀，两只脚反转在头上连缀在一起，名叫噓。

这个名叫"噓"的神把脚放到了头顶上，形体上拧巴，力道上憋憋屈屈。接下来则是相对舒展开来的发力。

颛顼帝生了老童，老童生了重和黎，颛顼帝命令重把天用力往上托举，又命令黎用手撑着地，使劲朝下按压。

兄弟俩一起发力，一个向上，一个朝下。

重是"献"，黎是"邛"。

"献"（獻）之甲骨文作𤕫，从犬，从鬲；金文作𤲶，又加虍。鬲，为炊具，烹煮食物以祭祀祖先神明，引申而有进奉之意。《说文》："献，宗庙犬名羹献，犬肥者以献之。"向神明先祖奉上祭牲，奉献进呈，确实是从下往上。

邛，或作"印"，即"归"，俗体作"抑"。"归"之甲骨文作𢄼，金文作𢩱，会意字，用手按一人使之下跪。《说文》："归，按也。"本义为向下按，按压，按捺。《老子》："高者抑之，下者举之。"

上举，下按，两神配合，合力拓展出人类自主的领地和空间。其实，这两个神的"作为"，在文化思想上的意义非同一般，即如《尚书·吕刑》篇所言：

乃命重黎，绝地天通，罔有降格。

天帝命令重主持天——神道，黎负责地——治民理民，各司其职，恢复曾有的制度，使人神不互扰，各得其序，是谓绝地天通；并且不再降下沟通天（神）人（民）意见的其他人了。

郭璞的注解也传达类似的意见，古时人神相杂互动，无有差别。但经历此番之后，各过各的，人是人，神是神，不再相扰，建构一个共存共生的秩序。大地上的社会政治秩序交付给君王去建立和维持。

于是，向下按压的黎降临到大地上，并且生了噎。噎居处在大地的最西端，主管着太阳、月亮和星辰运行的次序。

　　这里需要简单梳理一下人（神）物关系，否则言语难晓，不知所云。按袁珂先生之见，这里的"噎"即上文的"嘘"，亦即《海内经》中的"噎鸣"。《海内经》有"后土生噎鸣"，这里有"黎邛下地"，由此，黎即后土；黎所生的噎，即后土所生的噎鸣。

天虞 ｜ 原　文

　　有人反臂，名曰天虞。

　　有个神人，臂膀反着长，名叫天虞。

　　天虞，按郭璞注解，亦作"尸虞"。尸虞，本书中他处未见。

浴月 ｜ 原　文

　　有女子方浴月。帝俊妻常羲，生月十有二，此始浴之。

　　有个女子正在给月亮洗浴。帝俊的妻子常羲，生了十二个月亮，这才开始给月亮洗浴。

　　有女子方浴月，按郝懿行笺疏，《北堂书钞》在引用这段文字时，"浴"上有"澄"字。浴，按"澄浴"理解释读，似更贴切。月有阴晴圆缺，肉眼望去，月中亦有阴影，洗之浴之，无非是让月亮更澄澈，更明亮。

　　常羲，或以为即今天所谓的嫦娥。依据不足，不可从。

有浴月，亦有浴日。《大荒南经》叙写了羲和浴日之事。

玄丹山

原　文

有玄丹之山。有五色之鸟，人面有发。爰有青鸢（wén）、黄鹜（áo），青鸟、黄鸟，其所集者其国亡。[1]

有一座玄丹山。

玄，赤黑色。玄丹山，即如郭璞注解所言，出黑丹也。

玄丹山上有一种长着五彩翅羽的鸟，有人的面孔，且长有头发。

这里还有青鸢、黄鹜，也就是青色的鸟、黄色的鸟，它们在哪个国家聚集栖息，哪个国家就会灭亡。

孟翼攻颛顼池

原　文

有池名孟翼之攻颛顼之池。

有个大水池，名叫孟翼攻颛顼池。

根据《山海经》一书行文的例则，例如《大荒西经》有"禹攻共工国山"，《大荒北经》有"鲧攻程州之山"，这个孟翼，当按郭璞注解，释读为人之姓名。或认为是远古时

1.青鸢、黄鹜：传说中的凶鸟。

期的一个叛乱的诸侯。具体不详。很可惜，想必亦有一个精彩的故事。

鏖鏊钜山

大荒之中，有山，名曰鏖鏊（áo）钜，日月所入者。

在大荒之中，有一座山名叫鏖鏊钜山，这里是太阳和月亮落下的地方。

屏蓬

有兽，左右有首，名曰屏蓬。

有一种野兽，左边右边各长有一个脑袋，名叫屏蓬。

按郭璞注解，这里的屏蓬，即《海外西经》中的"并封"。两者在读音上相近，只是轻重有别。

回到文本中，核对一下，我们会发现，并封是"前后皆有首"，这里的屏蓬是"左右有首"，好像又不是一物。

其实，左右和前后，若是视觉呈现，视点、视角一经挪移掉转，两者也就无区分了，但物还是那物。

巫山

原 文

　　有巫山者。有壑山者。有金门之山，有人名曰黄姬[1]之尸。有比翼之鸟。有白鸟青翼，黄尾，玄喙。有赤犬，名曰天犬，其所下者有兵。

有座山叫巫山。有座山叫壑山。还有座金门山，山上有个人，名叫黄姬尸。有比翼鸟。

比翼鸟，《海外南经》已有叙及，即"鹣（jiān）鹣"。

有一种白鸟，长着青色的翅膀、黄色的尾巴、黑色的嘴。

郭璞注解说，此为"奇鸟"，颜色搭配的确有些奇特、奇怪。

有一种赤红色的狗，名叫天犬，它降临到哪个地方，哪个地方就会发生战争。

《西山经》中的阴山有"天狗"，为兽，"其状如狸而白首"，"可以御凶"。它与这里的"天犬"相比，好像是反着来的，对着干：天狗能抗御凶险，天犬则昭示兵刃相接。

郭璞的注解把这里的天犬当成了天狗，并以天上的天狗星来比附，说明天犬有预兆战争的属性：

　　《周书》云："天狗所止地尽倾，余光烛天为流星，长数十丈，其疾如风，其声如雷，其光如电。"吴楚七国反时吠过梁国者是也。

天狗星，天狼之北七星，古书中多有记载。天狗星及其伴星出现，往往有声响，有兵灾，不吉利。

再回到本书中的文例，天狗是天狗，天犬是天犬，虽然狗和犬在字义上只有细微的区

1.妵：或作"姬"。

别：大者为犬，小者为狗。[1]

昆仑山

原　文

西海之南，流沙之滨，赤水之后，黑水之前，有大山，名曰昆仑之丘。有神——人面虎身，有文有尾，皆白[2]——处之。其下有弱水之渊环之，其外有炎火之山，投物辄然[3]。

有人，戴胜，虎齿，有豹尾，穴处，名曰西王母。

此山万物尽有。

在西海的南边，流沙的旁边，赤水的后边，黑水的前边，屹立着一座大山，名叫昆仑山。

有一个神，长着人的面孔、老虎的身子，身上有花纹，而尾巴上尽是白色的斑点，居处在这座山上。

在《西山经》第三列山系的昆仑之丘，有名曰"陆吾"的神，"虎身而九尾"，"人面而虎爪"，与此处之神或为一物。

山下有条弱水。

这里的弱水，真的很"弱"，按郭璞注解，其水不能漂浮起鸿雁的羽毛。以今天的术语来说，是水的表面张力很小，甚至微弱。昆仑山在西海之南、流沙之滨、赤水之后、黑水之前——如此详密的"定位"，只是在铺陈烘托昆仑山之"大"。注意，"大山"二字在书中仅出现于此。昆仑乃至其下之弱水非但远在大荒西，且神秘莫测。用古人的修饰性

1.《尔雅》："（犬）未成豪，狗。"郝懿行义疏："狗犬通名，若对文，则大者名犬，小者名狗。"
2.白：按郭璞注解，指尾巴上的斑纹皆是白色斑点。
3.然：同"燃"，燃烧。

言辞来说，若不骑乘神异的蛟龙，是抵达不了这个地方的。[1]

弱水汇聚而成的深渊环绕着昆仑山，深渊的外边有一座炎火山，只要向那里投进东西，就会燃烧起来。

炎火山，今天看来就是火山。

一边是渊水，一边是火山。

关于火山，古书中多有描述，大都以为山上生的是不烬之木，昼夜都是大火熊熊，暴风吹不灭，暴雨淋不死。

有一人，头上戴着玉制的首饰，满口都是老虎的牙齿，拖着一条豹子的尾巴，居处在洞穴中，名叫西王母。

穴居生活的西王母，她的"家"到底在哪里呢？

既然是穴居，必然在山上。什么山？另一古书《河图玉版》说西王母居处在昆仑山。本书的《西山经》记为玉山，而《穆天子传》载其出入于弇山——"曰西王母之山"。说西王母"狡兔三窟"，有不敬之嫌，但问题是说法存在如此分歧，怎么解释？郭璞注解说：

> 西王母虽以昆仑之宫，亦自有离宫别窟，游息之处，不专住一山也。故记事者各举所见而言之。

离宫，正宫之外的临时宫室，非平常所居之地。其实，说西王母"狡兔三窟"，并非不合时宜。既然是穴居，必然有穴窟，只不过这里的"窟"是别窟，类似于别宫——正式寝宫以外的宫室。游息之处，不止一个，西王母隐然有帝王之威权。

说宫室，其实反倒拔"高"西王母，人家是穴居之神，隐匿于深处。既然是穴居，这些窝窝有没有一个名字呢？《庄子·大宗师》：

> 西王母得之，坐乎少广，莫知其始，莫知其终。

1.唐·司马贞《史记·大宛列传》索隐引《括地图》云："昆仑弱水非乘龙不至。"

得之，得到什么呢？庄子说的是大道，真实存在，却又无为无形，可领会，不可以手进行授受交接；可以体认，眼睛却看不见。西王母若是得了"道"，即可坐在"少广"，不知有生死的变化。

少广，古代的大学者有的说是穴名（西晋司马彪），有的说是山名（唐成玄英）。如果是一个岩穴，这个名字"少广"，我觉得挺有意味。

在这座山上，任何世上稀罕的东西都有。

常阳山　原文

　　大荒之中，有山名曰常阳之山，日月所入。

在大荒之中，有座山名叫常阳山，这里是太阳和月亮落下的地方。

寒荒国　原文

　　有寒荒之国。有二人女祭、女薎[1]。

有个寒荒国。这里有两个神人，分别叫女祭、女薎。

女祭、女薎，即《海外西经》中的女祭、女戚。郭璞注解说，"或持觯，或持俎"，觯为古代酒器，形状大多为圆腹侈口，圈足有盖，盛行于殷代和西周初期；俎为古代祭祀时盛放牲体的礼器，长方形盘状，四足。如此来看，这两位当为祀神的女巫。

1.薎：当作"薎"。

寿麻国

原　文

有寿麻[1]之国。

南岳娶州山女，名曰女虔。女虔生季格，季格生寿麻。寿麻正立无景[2]（yǐng），疾呼无响。爰有大暑，不可以往。

有个寿麻国。

《吕氏春秋·任数》篇有"西服寿靡"。寿靡，即寿麻，古代传说中的西极之国。下面追溯"寿麻"的前世。

南岳娶了州山的女子为妻，她的名字叫女虔。女虔生了季格，季格生了寿麻。

寿麻端直地站立在阳光下，却不见任何影子；高声疾呼，而四面八方没有一点回响。这里异常炎热，人们不要到这里去。

日中有影，是常情常理。唐·释慧忠撰有《般若波罗蜜多心经序》，其中有：

　　夫法性无边，岂藉心之所度；真如非相，讵假言之所诠。是故众生浩浩无穷，法海茫茫何极。若也广寻文义，犹如镜里求形，更乃息念观空，又似日中逃影。

镜里求形，日中逃影，都是不可为、不当为之事，劳心费神不讨好。这里的寿麻，却是可以在日中逃影的，这说明其人显然不是一般人。按郭璞注解的说法，寿麻所禀之"形气"有异于人。

今天，天上飞有高科技的隐形战斗机和轰炸机，地上跑有詹姆斯·邦德的隐身汽车（007系列电影*Die Another Day*，即《007之择日而亡》），哈利·波特则身披隐身斗篷……人们正在把昔日古书里的奇异之想一步步变成"现实"。

无影之"人"，在古书中不在少数，除了修真得道的仙人外[3]，还有"勃鞮国"之人

1.麻：通"靡"。

2.景：通"影"。

3.汉刘向《列仙传》："玄俗者，自言河间人也……王家老舍人自言：'父世见俗，俗形无影。'王（河间王）乃呼俗日中看，实无影。"

（《拾遗记》）。《淮南子·地形训》中的建木在南方的都广山，众帝经由此上上下下，"日中无景，呼而无响"。

还有一种解释，其实很科学。王英明《历体略》："赤道下，春秋分，日中无景。"赤道区域，在春分、秋分时，太阳直射，日影投射到了脚下，即可以"无"视之。

热带地区，肯定是"大暑"。这座山的大暑，乃是热，一种炙烤的热，用郭璞的话说就是"热炙杀人"，根本不适宜人类居住。西方沙漠的炎热，同样是热。《楚辞·招魂》：

> 西方之害……其土烂人，求水无所得些。

东汉的王逸注解说：西方之土，温暑而热，能把人肉熏蒸得烂掉，欲求水源，却到处找不到，不可得。这是一种没有水的干热。

夏耕尸

原　文

有人无首，操戈盾立，名曰夏耕之尸。

故成汤伐夏桀于章山[1]，克之，斩耕厥[2]前。耕既立，无首，走[3]厥[4]咎[5]，乃降于巫山。

有个人没了脑袋，手里操持着戈和盾站立着，名叫夏耕尸。

昔日成汤在于章山讨伐夏桀，并在那里打败了夏桀，当着夏桀的面斩杀了夏耕尸，头颅也掉在夏桀的面前。被斩首之后的夏耕尸站立起来，发觉自己没了脑袋，为逃避罪咎，便窜到巫山去了。

1.于章山：于章，山名；或以"于"为介词，"章山"为山名。
2.厥：这里指成汤。
3.走：同"走"，逃跑，逃避。
4.厥：这里指夏耕尸。
5.咎：罪责。

这里的巫山，按郭璞注解，在晋时的建平巫县。

此段经文的叙事零碎简短，却也有序完整，反映的是夏商鼎革之际的大事件。商汤施行变革以应天命，取代夏桀的统治。夏耕的"逃罪"，彰显出商汤"革命"的合法性。正如《周易·革》之《象传》所言："天地革而四时成，汤武革命，顺乎天而应乎人。"受命于天，有其神圣；秉持君主当有的德行，率众暴力惩治，有其合理性。

如此来看，无论是《山海》的图还是经，其中不乏意识形态话语的浸染。叙述者笔下怪异，正大的政治情怀寄寓其中。

吴回 　　原 文

有人名曰吴回，奇[1]左，是无右臂。

有个人名叫吴回，只剩下一条左臂膀，没有右臂膀。

吴回，按郭璞注解，是祝融的弟弟，亦为火正之官。

盖山国 　　原 文

有盖山之国。有树，赤皮支[2]干，青叶，名曰朱木[3]。

有个盖山国。这里有一种树，树皮是赤红色的，枝干也是赤红色的，而叶子则是青色的，名叫朱木。

1.奇：单数，与"偶"相对。
2.支：通"枝"。
3.朱木：或作"朱威木"，树名。

朱木，亦见于《大荒南经》。只是这里的"青叶"，《大荒南经》则作"青华"。

一臂民

原文

有一臂民。

有只长了一条臂膀的一臂民。

《海外西经》有"一臂国"，国人只长了一条臂膀。郭璞的注解在这里还补充了"一脚人"："北极下亦有一脚人"，这根据的是《河图玉版》一书的记载。

从"一臂民"到"一脚人"，异想天开的思维有序且有趣地在激荡，不知不觉拓展了我们认知的边界。

大荒山

原文

大荒之中，有山名曰大荒之山，日月所入。有人焉三面，是颛顼之子，三面一臂，三面之人不死。是谓大荒之野。

在大荒之中，有座山名叫大荒山，这里是太阳和月亮落下的地方。

这里有一种人，一个脑袋上有三张面孔，他们是颛顼的子孙后代，三张面孔，一条胳膊——没有左胳膊。这种三张面孔的人永远不死。这里就是所谓的大荒野。

郭璞注引《三国志·魏志·东夷传》，叙及了"两面人"——和前文的女子国一样，亦在沃沮以东的大海中。"两面"的情形是除了正常的面孔，"项中复有面"，也就是说后脖颈处还有一张面孔。

关于三面人，《吕氏春秋·求人》篇中亦有禹西至"三面之乡"的记载。大致想象一下，所谓三面人，是一个头颅，三张面孔。这三面如何"组合"更恰当、更美观，我们只能自己去发挥想象了。

夏后启

原 文

西南海之外，赤水之南，流沙之西，有人珥两青蛇，乘两龙，名曰夏后开。

开上三嫔[1]于天，得《九辩》与《九歌》以下。此天穆之野，高二千仞，开焉得始歌《九招》。

在西南海之外，赤水的南岸，流沙的西边，有个人耳朵上穿挂着两条青蛇，乘驾着两条龙，名叫夏后开。

夏后开，即《海外西经》《海内南经》叙及的夏后启。汉朝为避汉景帝刘启的名讳，改"启"为"开"。

夏后启曾三次到天帝处做宾客，在那里得到了乐曲《九辩》和《九歌》，并将它们带到人间。这里就是所谓的天穆野，高达二千仞，夏后启在这里开始演奏乐曲《九招》。

关于"嫔"，郭璞注云："嫔，妇也，言献美女（或作'人'）于天帝。"这被清代学者郝懿行直认为是大误，嫔，应当"宾"字解读，两字在古时相通。

"宾"（賓）之甲骨文作 🔲🔲，会意字，⌂（宀）表在家中，🔲 表主人，迎接客人 🔲🔲则表示朝向，会客人自外而来之意。字形有简省，简单的作 🔲。西周时，又有引申义为赠送、赠品，于是在 🔲 下又加贝（貝）旁，于是金文作 🔲🔲，成为一个从宀、从贝（貝）的形声字。其篆文字形 🔲，或篆文古文 🔲，皆从贝（貝）。本义为迎接引导宾客。《尚

1.嫔：通"宾"，这里用作动词，做客。

书·舜典》："宾于四门，四门穆穆。"诸侯来朝，舜帝恭敬地迎接他们。《说文》："宾，所敬也。"《诗经·小雅·鹿鸣》：

> 我有嘉宾，鼓瑟吹笙。

这是一首贵族宴会宾客的诗作。嘉宾，佳客，他们到来，自然要奏乐相迎。

其实，细分起来，宾、客二者有别。宾，有敬重之意在，贵客，嘉宾；而"客"，则包罗甚广，可以是门客、食客、客人，乃至不速之客。按段玉裁注解，宾、客可浑而言之，"析言者之则宾客异义。又宾谓所敬之人，因之敬其人亦曰宾。又君为主，臣为宾"。

再回到"开上三嫔于天"。这里的"嫔"，可理解为做客，其实夏启是一个受欢迎的、受敬重的嘉宾，由此而能顺利地获得《九辩》《九歌》，并能带走降临到自己统治的地盘上，去歌之舞之。如此疏通一下，文字叙事背后的事理亦可成立。

郭璞注中的"献美女"，其实也是在疏通文意，想搞清楚夏启为什么可以"得《九辩》与《九歌》"。只是这样的解释方向，有让天帝中了"美人计"，或两家有交易的意味在，感觉有耍弄阴谋之嫌。

氐人国

原文

有互人之国。炎帝之孙名曰灵恝，灵恝生互人，是能上下于天。

互人，当作"氐人"。"互""氐"二字，形近而讹。

有一个氐人国。

按郭璞注解，这个国度的人，有着人的面孔、鱼的身子。《海内南经》中有"氐人国"，除了上面的交代，还有"无足"的描写。

炎帝的孙子名叫灵恝，灵恝生了氐人，氐人能乘云驾雾，往来上下于天地之间。

这里的炎帝，谓神农氏。《周易·系辞下》有：

> 包牺氏没，神农氏作，斫木为耜，揉木为耒，耒耨之利，以教天下。[1]

伏羲氏去世后，紧接着兴起的是神农氏，他砍削木头做成了耜，弯曲木头做成了耒，用耒耜翻土耕种带来便利，并以之教导天下百姓。据传，神农氏又曾尝百草，发现药材，教人治病。

鱼妇

原 文

> 有鱼偏枯，名曰鱼妇，颛顼死即复苏。风道[2]北来，天乃大水泉，蛇乃化为鱼，是为[3]鱼妇。颛顼死即复苏。

枯，从木，古声，本义指草木枯萎，枯槁。《周易·大过》之九二爻辞："枯杨生稊（tí）。"枯杨，即老朽干枯的杨树。这里的"偏枯"之枯，谓干枯。鱼在水中为活物，偏枯，即意味着鱼身的一半失去了水分，是干枯的，没有了生命力。

有一种鱼，它的身子有半边是干枯的，名叫鱼妇。

人则有偏枯之疾。比如大禹风里来雨里去，勤劳治水，最终患上了半身不遂的疾病：偏枯。

1.斫（zhuó）：用刀斧砍削；耜（sì）：翻土的农具，最初以木制成，后用金属；揉木：使木弯曲成型；耒（lěi）：耕地用的农具的曲木柄，其下为耜；耨（nòu）：农具，似锄，用来除草；耒耨：翻土锄草用的农具。
2.道：从，由，谓取道。
3.为：或作"谓"。

偏枯，对人这个生命体而言，意味着不完整，不利落，不称心如意，即如杜甫诗所言："此身飘泊苦西东，右臂偏枯半耳聋。寂寂系舟双下泪，悠悠伏枕左书空。"[1]其中多感愤悲怆之意。

在神明灵异的世界，容不得"下泪"和"书空"。按郭璞注解，以上说明颛顼其人能来回变化。

鱼妇，即颛顼帝死了又立即复苏变化而成。

朽木枯株，又可发其荣华，再生灿烂。

风从北方吹来，天空中因风得雨，大水如泉涌一样降下来，蛇变化成鱼，这便是鱼妇。

死去的颛顼趁着蛇鱼变化之际，托体于鱼身，再次复苏。

颛顼的复苏再生，机理究竟为何？其实，不太好说明，毕竟是"神异"之事。郭璞注引《淮南子·地形训》的相关内容，以类比的方式予以疏通说明：

后稷垅在建木西，其人死复苏，其半鱼，在其间。

垅，冢也。周始祖后稷的坟冢在都广泽的建木西边，那里的人死而可以复生，其中有一半都变成了鱼，在建木之间。

鸀鸟 | **原 文**

有青鸟，身黄，赤足，六首，名曰鸀鸟。

1.诗人杜甫的右臂不遂，只能用左手手指在空中虚画字形，是为"书空"。大历四年（七六九年），诗人自夔州出峡后，流落湖湘，辗转至潭州（今湖南长沙），创作了连章的七言律诗《清明二首》。此处仅摘录第二首的部分诗句。

有一种青鸟，身子是黄色的，爪子是赤红色的，长有六个脑袋，名叫鸱鸟。

六首之鸟，亦出现在《海内西经》中。

大巫山

原 文

有大巫山。有金之山。西南，大荒之中隅，有偏句、常羊之山。

有一座大巫山。有一座金山。在西南方向，大荒的一个角落，有偏句山、常羊山。

常羊山，亦出现在《海外西经》中。天帝断刑天之首，葬之于常羊山。

《淮南子·地形训》有："西南方曰编驹之山。"其中的"编驹"，与这里的"偏句"字形相似，在解读时无妨将它们联系在一起，为理解增加哪怕一点点的"可能性"也好。

以上为《大荒西经》，整体上可视为第十六篇。

原 文

按：夏后开即启，避汉景帝讳云。

按语：夏后开就是夏后启，为避汉景帝刘启的名讳而改。

以上两句按语，显然不是《山海经》的原文，亦不知何人题写，但为原书底本所有，今仍存其旧。

卷十七

大荒北经

附禺山

原　文

东北海之外，大荒之中，河水之间，附禺之山，帝颛顼与九嫔葬焉。爰有鸱久、文贝、离俞、鸾鸟、皇鸟、大物、小物。有青鸟、琅[1]鸟、玄鸟、黄鸟、虎、豹、熊、黑、黄蛇、视肉、璿、瑰、瑶、碧，皆出卫[2]于山。

丘方圆三百里，丘南帝俊竹林在焉，大可为舟。竹南有赤泽水，名曰封渊。有三桑无枝。丘西有沈渊，颛顼所浴。

在东北海之外，大荒之中，黄河水流经的地方，有一座附禺山。

按这里的叙述，地理方位着实难以确定。东北海，有可能是今天的日本海，而又分明说在黄河岸边。无妨总结一下，今天看来是空间距离的均匀分布和延展，在《山海经》一书中都被"折叠"起来。当以审视的眼光来看，我们会发现这样的文字叙述，其实不该或者说很难还原成地图的样态：它不是平铺的纸面，皱皱巴巴的山峦起伏，河流在上面纵横，鸟兽肆意地在撒着欢儿。神明与人类共存。栖息的空间，行动的时间，往往都是变形的，或弯曲，或折叠，或拉伸，或回环……这是上古先民创造的小宇宙、大天地。研读经典，我们的"视点"只能跟随他们给定的文本去随物赋形，或高或低，忽东忽西。

这是一个民族在彼时彼刻特殊的"海拔高度"和视角维度下，相看勘察大山大海而记录结撰的精神诗篇。

附禺山，《海外北经》作"务隅山"，《海内东经》作"鲋鱼山"，当同为一山。

颛顼帝与他的九个妃嫔葬在此山。

这里的叙述无法和基本的史事接上榫，其实在郭璞这样的一流大学者看来，这不但是难以理解的，更是不能承受的，于是乎，他只能解释说：此皆殊俗，义所作冢。

一代帝王及其妃嫔葬于此，义理上无不可。今天来看，这里更像是供祭祀追念的所在。

1.琅：这里或取玉石之色，有洁白之意；或取琅玕即山间珊瑚之赤色。

2.卫：围绕。卫于山，犹言在山边。

这里有鸱鹳、花斑贝、离朱、鸾鸟以及凤凰之类的鸟，还有大物和小物。

大物、小物，按郭璞注解，是所谓的"备有"，即为去世后到另一世界的人准备的大、小用具物品，亦即殉葬物品。

还有青鸟、琅鸟、玄鸟、黄鸟、老虎、豹子、熊、罴、黄蛇、视肉、璇玉瑰石、瑶玉碧玉，都出于此山。

按清代学者郝懿行的考辨，"卫"字或为"倒文"[1]，理应置于下文的"丘"字之前。正文当为："……瑶、碧，皆出于山。卫丘方圆三百里……"

卫丘，方圆达三百里。卫丘的南面是帝俊的竹林，这里的竹子长得很大，大到一节竹子就可以制成一只船。竹林的南边有水面呈现为赤红色的大泽，名叫封渊。

封，这里有"大"的意思。

这里有三棵不生长枝条的桑树，全都高达百仞。
卫丘的西面有个沈渊，那里是颛顼帝沐浴的地方。

胡不与国　原　文

有胡不与之国，烈姓，黍食。

有个胡不与国，这里的人姓烈，以黄米为食。

1.倒文：校勘学术用语，指在抄刊古书时出现的误倒的文字。

烈姓，炎帝神农氏之后裔，《左传》称之为烈山氏。烈山，或作"厉山"。烈山氏之有天下时，其子孙能种植百谷。

不咸山

大荒之中，有山，名曰不咸。有肃慎氏之国。有蜚[1]蛭[2]，四翼。有虫[3]，兽首蛇身，名曰琴虫。

在大荒之中，有一座山名叫不咸山。

有个肃慎氏国。

关于肃慎国，郭璞在注解中有较详细的描述：

今肃慎国去辽东三千余里，穴居，无衣，衣猪皮，冬以膏涂体，厚数分，用却风寒。其人皆工射，弓长四尺，劲疆。箭以楛为之，长尺五寸，青石为镝。[4]

肃慎国，已见于《海外西经》。《左传》《国语》对"肃慎"皆有记载，东汉三国时期又称之为"挹娄"。

肃慎国的人在弓矢制造和射箭本领方面于春秋时期应该是很领先的，连孔子都见识过。孔子在陈国时，有栖息在陈国国君的庭院树上的鹰隼死了，掉在了地上——发现楛木制成的箭射穿了它，石制的箭头长一尺八寸。陈国国君让人拿着隼去馆舍请教孔子，孔子说："隼之来也远矣！此肃慎氏之矢也。"（《国语·鲁语下》）隼鸟是从很远的地方飞过来的，箭是肃慎氏的箭。按孔子的追述，肃慎国的人在武王克商之时曾进贡过楛木箭杆、石质箭头。

1.蜚：通"飞"。
2.蛭：虫名。
3.虫：这里谓蛇。
4.却：抵御；工：长于；疆：同"强"。

有一种能飞的蛭，长着四只翅膀。

有一种蛇，长着野兽的脑袋、蛇的身子，名叫琴虫。

大人国　原 文

　　有人名曰大人。有大人之国，釐姓，黍食。有大青蛇，黄头，食麈。

有一种人名叫大人。有个大人国，这里的人姓釐，以黄米为食。

大人国，已见于《海外东经》。釐，古同"僖"字。在黄帝十二子中，有僖姓。

有一种大青蛇，长着黄色的头，能吞食麈鹿。

《大荒南经》的荣山中的玄蛇，亦可吞食麈。郭璞以自己时代的南方的蚺蛇为例，它们吞食的鹿，亦当是麈之类。麈的体格较鹿为大，更能突显出大青蛇之"大"来。

榆山　原 文

　　有榆山。有鲧攻程州之山。

有一座榆山。又有一座鲧攻程州山。

鲧攻程州山的名字有点长。榆山，是山上长有榆树吗？那么，鲧攻程州山呢？按郭璞注解，皆因其事而名物。想必是鲧在这里进攻过程州。那么程州又是什么呢？大概为一国之名。

衡天山　　原 文

大荒之中，有山名曰衡天。有先民之山。有槃[1]（pán）木千里。

在大荒之中，有一座山名叫衡天山。有一座先民山。
有一棵盘旋弯曲达一千里的大树。

东汉王充《论衡·订鬼》篇引《山海经》逸文："沧海之中，有度朔之山，上有大桃木，其屈蟠三千里，其枝间东北曰鬼门，万鬼所出入也。上有二神人，一曰神荼，一曰郁垒，主阅领万鬼。"盘旋屈曲达三千里的大桃树，或即这里的大树。

叔歜国　　原 文

有叔歜（chù）国，颛顼之子，黍食，使四鸟：虎、豹、熊、罴。有黑虫如熊状，名曰猎猎。

有个叔歜国，这里的人是颛顼的子孙后代，以黄米为食，能驯化驱使四种野兽：老虎、豹子、熊和罴。

1.槃：同"盘"。

有一种黑色的野兽，状貌与熊相似，名叫猎猎。

北齐国

原　文

有北齐之国，姜姓，使虎、豹、熊、黑。

有个北齐国，这里的人姓姜，能驯化驱使老虎、豹子、熊和黑。

"姜"之甲骨文作 𣀇𣀇，金文作 𦍌𦍌，从女，羊声，本义为姜姓。《说文》："姜，神农居姜水，以为姓。"司马迁《史记·齐太公世家》记载："太公望吕尚者，东海上人……姓姜氏。"

从《大荒西经》的"有西周之国，姬姓"到这里的"有北齐之国，姜姓"，字里行间，在大荒之中，我们竟隐约闻到了商周之际的味道。

先槛大逢山

原　文

大荒之中，有山名曰先槛大逢之山，河济所入，海北注焉。其西有山，名曰禹所积石。

在大荒之中，有一座山名叫先槛大逢山，这里是黄河和济水流入的地方，海水从北面灌注到山中。

这里提到了黄河和济水，以此两水与大荒中的山联结在一起，不明其详。郭璞注解说，黄河、济水注入大海，已复出海外，入此山中也。这样的解释不免有些"强词夺理"——郭璞亦是顺从经文而言，毕竟《海内西经》有言："河水……入渤海，又出海外……入禹所导积石山。"但诚如清代学者汪绂发出的诘问：

> 济入河而复出者，以清浊分也。若海则吐纳百川，水既入海则海矣，安见已入复
> 出而反注山中者？况河、济入海而北，则辽左、朝鲜之地，未闻又更有河、济也。
> （《山海经存》）

经文之义不可解，可先不解，不能勉强解。其实，前提还是要把古渤海的水域范围及
注入其中的河水流向搞清楚。沧海桑田，这个工作确实有难度。

先槛大逢山的西边也有一座山，名叫禹所积石山。

禹所积石山，已见于《海外北经》。

阳山 ｜ 原文

　　有阳山者。有顺山者，顺水出焉。有始州之国，有丹山。

有座山，名叫阳山。又有座山，名叫顺山，顺水从这里发源。
有个始州国，国中有座山，名叫丹山。

之所以叫丹山，按郭璞注解，此山纯出丹朱——朱砂。郭璞注引《竹书纪年》的记
载："和甲西征，得一丹山。"[1]在郭璞的那个时代，这个地方亦有丹山，朱砂出自山里
的土穴之中。

1.《竹书纪年》："三年，西征丹山戎。"按王国维疏证，"和甲"疑为"祖甲"之讹。

大泽

原　文

有大泽方千里，群鸟所解[1]。

有一大泽方圆千里，这里是各种鸟类脱去旧羽、再生新毛的地方。

郭璞注引《穆天子传》具体描述了大泽的鸟类"解羽"的情形：

北至广原之野，飞鸟所解其羽，乃于此猎鸟兽，绝群，载羽百车。

通俗一点讲，鸟羽在这里可以随便捡，用车拉。《竹书纪年》一书中亦有"行流沙千里，积羽千里"的记载。

在大泽这里，鸟类获得了新生，顺带把羽毛留在了大地上，人类收获了美仪。大泽已无从找寻，羽毛也不再是人们念兹在兹的饰品，但还是有必要向这个曾经的千里泽国致意。

毛民国

原　文

有毛民之国，依姓，食黍，使四鸟。禹生均国，均国生役采，役采生修鞈（gé），修鞈杀绰人。帝念之，潜为之国，是此毛民。

有个毛民国，这里的人姓依，以黄米为食，能驯化驱使四种野兽。

大禹生了均国，均国生了役采，役采生了修鞈，修鞈杀了绰人。大禹哀念绰人被杀，暗地里帮绰人的子孙后代建立国家，就是这个毛民国。

1.解：解羽，谓羽毛脱落。

《海外东经》已叙及"毛民国"。

请注意这里的"潜"字。潜，本义为没入水中。《周易·乾》之初九爻辞有"潜龙勿用"，之所以勿用，是因为龙还潜藏在下面，时机还没有成熟呢。潜，可引申为隐藏、暗中、秘密地，即如郭璞注解所言，"密用之为国"，以隐秘的方式来做这件事。

由此来看，怜悯之心是有了，但如何完成这份"念叨"呢？帝高高在上，亦有自己的小机心，或为平衡各方，或为形势所迫，不得不采取"潜"的方式。

儋耳国 | 原 文

有儋耳之国，任姓，禺号子，食谷。北海之渚中，有神，人面鸟身，珥两青蛇，践两赤蛇，名曰禺彊。

有个儋耳国，这里的人姓任，是神人禺号的子孙后代，以谷为食。

国名之所以叫"儋耳"，是因为这里的人耳朵太大，往下垂，像担在了肩上。

耳朵太大，我们会想到猪八戒的耳朵、大象的耳朵。这里的大耳虽不是及腰，却也是至肩。

提醒一下，这里的儋耳国，当在北；南面的，则是离耳国。

《海外北经》中有聂耳国，即此儋耳国；《海内南经》中有离耳国。

黄帝之子有十二姓，其中有任姓。谷（穀），这里特指粟。谷长成熟了，打出来的粮食称之为粟，去皮之后就是小米。郭璞的注解特意强调，任姓的儋耳国民在海岛种粟，以保证粮食的自给。

在北海的岛屿上，有一个神人，长着人的面孔、鸟的身子，耳朵上穿挂着两条青蛇，脚底下踩踏着两条赤蛇，名叫禺彊。

北极天柜山

原 文

　　大荒之中，有山名曰北极天柜，海水北注焉。有神，九首人面鸟身，名曰九凤。又有神衔蛇操蛇，其状虎首人身，四蹄长肘，名曰彊良。

　　在大荒之中，有座山名叫北极天柜山，海水从北面灌注到山中。
　　这里有一个神明，长着九个脑袋，有着人的面孔、鸟的身子，名叫九凤。

　　九个脑袋的兽，书中多有叙及。共工之臣相柳氏，亦是"九首"。

　　又有一个神明，嘴里衔着蛇，手中握着蛇，样貌是老虎的脑袋、人的身子，有四只蹄子，臂肘长长的，名叫彊良。

　　彊良，亦写作"强梁"，古字相通。
　　这样的文字描述很有画面感。郭璞注解说，彊良"亦在畏兽画中"，简单一句，又逗露出一个讯息——正如学者早已指出来的，经文是根据"图"在进行文字表达。

成都载天山

原 文

　　大荒之中，有山名曰成都载天。
　　有人珥两黄蛇，把两黄蛇，名曰夸父。后土[1]生信，信生夸父。夸父不量力，欲追日景，逮[2]之于禺谷[3]。将饮河而不足也，将走大泽，未至，死于此。
　　应龙已杀蚩尤，又杀夸父，乃去南方处之，故南方多雨。

1.后土：共工之子句龙。
2.逮：到，及。
3.禺谷：禺渊，又作"虞渊"，日之所入之地。

在大荒之中，有座山名叫成都载天山。

有一人，耳朵上穿挂着两条黄色的蛇，手上握着两条黄色的蛇，名叫夸父。

后土生了信，信生了夸父。

接下来，舞台属于夸父。

那么，夸父追求追赶的是什么呢？日景。

景，从日，京声，本义特指日光。《说文》："景，光也。"日景，犹日光。

夸父不衡量自己的体力，想要追赶太阳的光，一直追到太阳落山的地方——禺谷。夸父想喝黄河水解渴，水不够喝，满足不了他，于是他准备跑到北方的大泽去喝水，还未到达，便死在这里了。

以上一段，似在解释《海外北经》中的那段今天看来是"经典"的夸父追日的文字。两处文字相似，但细节处又有不同。其实，这样的叙事手段，即所谓的"重（chóng）言"。《庄子·寓言》篇中自道自家文字是"寓言十九，重言十七"。重言，就是反复言之，达到一种"注焉而不穷，引焉而不竭"（清·郭庆藩《庄子集释》卷九上）的阅读体验。

不同的叙事策略，行文略有差异，强调的点不一样，"鼓"出来的意思有所不同。不同的叙述版本又可交叉互释，意义叠加，由此酝酿出、传递出新"滋味"来。

当然，《山海经》历经漫长岁月的洗练，它的作者、编纂者、定稿者乃至注释者排列在一条时间轴线上，所谓文学经典的审美意识只是不经意间自然累积而形成的。

不是刻意，反有深意。

应龙在杀了蚩尤以后，又杀了夸父。

夸父因逐日而死，《海外北经》以及此处的文字，前后都已充分表达过了，此处又冒出一种新的说法，这其实也是"重言"，只不过叙述文本进一步表现为自我"否定"。

远古的神话传说中，多有类似这样的"分歧""差异"。同一时空下，同一"名"下的事件，在叙事时，能否出现一个"平行"世界呢？夸父不是"死"了一次，而是可以"死"很多次——只要有死这种可能性。神话有自己的时空观念和思维模式，如今夸父死无定名，东晋时的郭璞在注文中慨叹道：

触事而寄，明其变化无方，不可揆测。

死，有条件即可依附条件而发生——触事而寄。变化无规律可循，不可总结，不可预测。此即《周易·系辞上》所言："神无方而易无体。"

如此看来，神话之叙事，亦在叩问大道。

应龙神力耗尽上不了天了，于是去南方居住，所以南方的雨水很多。

应龙是龙，龙是水物，以类相感，自然而然就把雨水带到了南方。

有人以南方之多山泽水汽，且日近天热，驳斥神话的荒诞不经，其实是不解其中"味"。

无肠国 | 原 文

又有无肠之国，是任姓，无继子，食鱼。

又有个无肠国，这里的人姓任。他们是无继国人的子孙后代，以鱼类为食。

无肠之国，已出现在前文《海外北经》中，这里的人有个特征——长。

继，亦作"脊"。无继国，即《海外北经》中的"无脊国"，《淮南子·地形训》中作"无继民"。看来，把"无脊"解读为"无启"，无启即无嗣，没有子孙后代，在这里又说不通了。无肠国人是无脊国人的子孙，显然是有继，而非无继。

神话传说的逻辑当是"神"逻辑，如此其间方有诡怪奇丽的审美特质。

相繇

原文

　　共工之臣名曰相繇[1]，九首蛇身，自环，食于九土。其所歍[2]（wū）所尼[3]，即为源泽，不辛乃苦，百兽莫能处。

　　禹湮[4]洪水，杀相繇，其血腥臭，不可生谷，其地多水，不可居也。禹湮之，三仞三沮，乃以为池，群帝因是以为台。在昆仑之北。

　　共工有一位臣子名叫相繇，长了九个头，有着蛇的身子，盘旋自绕，贪婪地占有九座神山以索取食物。他所呕吐和停下来栖息的地方，立即变成大沼泽，而且气味很重，不是很辛辣就是很苦涩，各种野兽因为畏惧，没有敢在这些地方居住的。

　　大禹堵塞了大洪水，把相繇溺杀在水中，相繇的血又腥又臭，使得谷物不能生长。这些地方又水涝成灾，相繇的膏血滂流四散，人们不能在此居住。大禹填塞这些地方，多次以土填充，又多次塌陷，于是挖掘成一个大池子，诸帝就利用挖出的泥土建造成几座高台。

　　诸帝台位于昆仑山的北面。

　　《海内北经》记载说，"台四方，在昆仑东北"，与这里的叙述大体相合。

岳山

原文

　　有岳之山，寻[5]竹生焉。

　　有一座山名叫岳山，一种名为寻竹的又高又大的竹子生长在此山上。

1.相繇：在《海外北经》中称之为"相柳"。

2.歍：呕吐，喷吐。

3.尼：止。

4.湮：阻塞。

5.寻：大竹名。

《海外北经》记载有"寻木"，这里有"寻竹"，可参照着来读。

不句山

原 文

大荒之中，有山名不句，海水入焉[1]。

在大荒之中，有一座山名叫不句山，海水从北面灌注到山中。

系昆山

原 文

有系昆之山者，有共工之台，射者不敢北乡。

有人衣[2]青衣，名曰黄帝女魃（bá）。

蚩尤作兵[3]伐黄帝，黄帝乃令应龙攻之冀州之野。应龙畜水，蚩尤请风伯[4]雨师[5]，纵大风雨。黄帝乃下天女曰魃，雨止，遂杀蚩尤。

魃不得复上，所居不雨。叔均言之帝，后置之赤水之北。叔均乃为田祖[6]。

魃时亡之。所欲逐之者，令曰："神北行！"先除水道，决通沟渎[7]。

1.海水入焉：或当作"海水北入焉"。
2.衣：这里用作动词，穿衣。
3.兵：这里指兵器、武器。
4.风伯：神话传说中的风神。
5.雨师：神话传说中掌管雨水的神。
6.田祖：主管田地之神。
7.渎：小沟渠。

有座山叫系昆山，上面有共工台，射箭的人因敬畏共工的威灵而不敢朝北方拉弓射箭。

共工台，已见于《海外北经》。阮籍《咏怀诗》之二十九有："共工宅玄冥，高台造青天。"造，犹至。共工台在诗人阮籍的想象中是高耸入云的。

有一人穿着青色衣服，名叫黄帝女魃。

女魃，在传世文献中或作"女妭"，是一位无发的秃头女神，其所居之处，上天即不再降雨。因而有"旱魃"之称。《说文》："魃，旱鬼也。"这里言"鬼"，不要害怕，因为"魃"字从鬼而言鬼。其实，神、鬼可统而言之。[1]《诗经·大雅·云汉》有：

> 旱既大甚，涤涤山川。
> 旱魃为虐，如惔如焚。
> 我心惮暑，忧心如熏。[2]

诗人描述山川枯焦的景象，到处像在焚烧，这是旱魃在作恶为虐。"我"怎能不畏惧暑热，内心发愁，亦似火在灼烧。

蚩尤在黄帝时期的诸侯侵伐之战中是最暴烈的，传统中多以贪虐的形象出现。

蚩尤制造出多种兵器来攻伐黄帝，黄帝便派遣应龙到冀州的原野去攻打蚩尤。

冀州，古九州之一，乃中州，为中土。

应龙积蓄了很多水，而蚩尤请来风伯和雨师，掀起一场大风雨。黄帝降下名叫魃的天女前来助战，把雨一下子就止住了，于是应龙杀死了蚩尤。

按司马迁《史记》记载，蚩尤作乱，不用黄帝之命。于是黄帝召集诸侯兵众，与蚩尤

1.详见段玉裁对《说文》"魃"字的注解。
2.涤涤：通"薇薇"，形容大旱之下草木光秃、河流枯竭的样子；为虐：作恶；惔：通"炎"，火光升起；惮：畏惧，害怕；熏：灼烧。

大战于涿鹿之野，遂活捉之，将其处死。

　　女魃的神力耗尽，不能再回到天上了，她居住的地方没有一滴雨水。叔均将此事禀报给了黄帝，后来黄帝就把女魃安置在赤水的北面。叔均便做了掌管田地的神。

　　女魃不安分，常常到处逃亡，于是她所到之处都出现了旱情，当地人都要驱逐她。驱逐旱神必得雨，人们就会祷告说："神啊，请向北去吧！"祷告之前，人们会先清理水道，疏通大小沟渠。

深目民国　｜　原 文

　　有人方食鱼，名曰深目民之国，盼（fēn）姓，食鱼。

　　有一群人正在吃鱼，这里是名叫深目民国的国家，这里的人姓盼，以鱼类为食。

　　深目民国的人，按郭璞注解，属于胡族，只是眼睛绝深，黄帝时期常来朝见。深目国，已见于《海外北经》。

钟山　｜　原 文

　　有钟山者。有女子衣青衣，名曰赤水女子献。

　　有座山名叫钟山。有女子身穿青色衣服，名叫赤水女子献。

　　此女子，按郭璞注解，"神女也"。
　　通读前后文，这个"赤水女子献"有没有可能就是那个被置于赤水北的女魃呢？可能是，但不能说必定是。

经典文本中会出现这种"异文"两存的现象，既然不能肯定女子献是或不是女魃，编订者就将文字并置于此，且不给出也不暗示倾向性的意见，只供读者去品读乃至自行判断。这种做法在求"真"的路上，步法算是最理性、最稳妥、最扎实的。

融父山　　【原文】

大荒之中，有山名曰融父山，顺水入焉。

有人名曰犬戎。黄帝生苗龙，苗龙生融吾，融吾生弄明，弄明生白犬，白犬有牝牡[1]，是为犬戎，肉食。

有赤兽，马状无首，名曰戎宣王尸[2]。

在大荒之中，有一座山名叫融父山，顺水流入这座山。

这里的顺水，即前文中的从顺山发源流出的那条河流。如此来看，在"海拔"上，顺山应该比融父山高。

有一种人，名叫犬戎。

作为一个古族名，犬戎倒是经常出现在常见的几部史书中，比如《左传》《国语》《史记》等。历史上那个沉湎于酒色，废申后而立褒姒，荒废国政的周幽王，就是被犬戎杀死在骊山脚下的。

不过，此犬戎，非彼犬戎。这里的犬戎更古老，更遥远，更具神话传说的意味。让我们来看一下他们的血脉是如何传承下来的：

黄帝生了苗龙，苗龙生了融吾，融吾生了弄明，弄明生了白犬。这白犬自身分出雌雄

1.有牝牡：或作"有二牝牡"。
2.戎宣王尸：按郭璞注解，为犬戎之神。

而相配相合，于是繁衍出犬戎族人，他们以肉为食。

有一种赤红色的野兽，形貌像马，却没有脑袋，名叫戎宣王尸。

齐州山 ｜ 原 文

有山名曰齐州之山、君山、鬵（qián）山、鲜野山、鱼山。

有几座山，分别叫齐州山、君山、鬵山、鲜野山和鱼山。

一目人 ｜ 原 文

有人一目，当面中生。一曰是威姓，少昊之子，食黍。

有一种人，只有一只眼睛，且长在脸的正中间。有一种说法认为他们姓威，是少昊的子孙后代，以黄米为食。

《海外北经》中有"一目国"，或即此一目人。

无继民

原文

有继无民，继无民任姓，无骨子，食气、鱼。[1]

有无继民，无继民姓任，是无骨民的子孙后代。

无骨，是说人有筋而无骨，当是软塌塌的那种。郭璞在注解中举例子，说《尸子》一书中记载的徐偃王，就是有筋无骨。这位徐偃王能偃仰而不能俯，故而谓之"偃王"。他以仁义治国，一度成为东方霸主，地位曾得到周穆王的承认。在穆王下令楚师攻伐他时，偃王爱民而不战，遂败。如此来看，亦呈"软弱"之象。这样来看，"无骨"还指向了政治立场乃至精神信念层面，并非"软骨头"那么简单。

他们以气为食，以鱼类为食。

气，如何食用？食气当然不是对着"空气"去大快朵颐，而是道家的一种养生方式，特指呼吸养生，亦称"服气"。具体分为"胎息"和"吐纳"两种。

胎息，不用口鼻呼吸，而要像胎儿在胎胞中呼吸一样，用丹田或肚脐进行呼吸。

吐纳，呼出污浊之气为吐，吸入新鲜之气为纳，总称吐故纳新。修炼者恬静寡欲，餐芝飧（sūn）霞，服食的是日精月华，天地灵秀，由此能达到神明而寿的境地。

《海外北经》中的"无晵国"即"无继国"，即此无继民。

中輤国

原文

西北海外，流沙之东，有国曰中輤（biàn），颛顼之子，食黍。

在西北海外，流沙的东面，有个国家叫中輤国。这里的人是颛顼的子孙后代，他们以

1.经文中的两处"继无"，当作"无继"。

黄米为食。

赖丘国

有国名曰赖丘。

有犬戎国。有神，人面兽身，名曰犬戎。

有个国家名叫赖丘国。

还有个犬戎国。有一种人，长着人的面孔、野兽的身子，名叫犬戎。

犬戎国，已见于《海内北经》。有神之"神"，或当为"人"字。犬戎，乃是黄帝的子孙，理当是人。即便这里把犬戎描写得再神异，也不是异类，终究还是人。

或此"神"字，是衍文。之所以多了一个"神"字，大概是因为"人面兽身"四个字的冲击力太大了吧。

苗民

西北海外，黑水之北，有人有翼，名曰苗民。颛顼生驩头，驩头生苗民，苗民釐姓，食肉。

有山名曰章山。

在西北海外，黑水的北岸，有一种人长着翅膀，名叫苗民。

苗民，按郭璞注解，即三苗之民。三苗国，已见于《海外南经》。我们来看一下其他古籍对苗民的描述：

西荒中有人焉，面目手足皆人形，而胳下有翼不能飞，为人饕餮，淫逸无理，名曰苗民。（《史记·五帝本纪》正义引《神异经》）

颛顼生了驩头，驩头生了苗民，苗民姓釐，以肉为食。

驩（讙）头国，已见于《海外南经》。

还有一座山，名叫章山。

衡石山　九阴山　洞野山

原文

大荒之中，有衡石山、九阴山、洞[1]野之山，上有赤树，青叶，赤华，名曰若木。

在大荒之中，有衡石山、九阴山、洞野山，山上有一种赤红色的树，青色的叶子，赤红色的花朵，名叫若木。

郭璞在注解中补充了若木的讯息：一、其生长地，在昆仑西附西极；二、特点，"其华光赤下照地"，意谓花很鲜艳，以至于赤红色的光芒照亮了下面的大地。

若木赤华，屈原有一个发问：

羲和之未扬，若华何光？

——《天问》

替太阳驾车的羲和，还没有把手里的鞭扬起来，车子还没有启动，若木上的花朵为何能放出光芒？至唐代，柳宗元回应说，若木花不是自发光，而是在太阳的照耀之下发的光。

1.洞：一作"灰"。

若木之花，过于惊艳，它的光，照进了屈原的作品世界：

折若木以拂日兮，聊逍遥以相羊[1]。

——《离骚》

折若木以蔽光兮，随飘风之所仍。[2]

——《九章·悲回风》

白日西斜入暮，攀折若木的树枝以遮蔽日光，姑且逍遥一下自由自在，或是随着疾风任意飘荡。楚人多才，在才华上能"碾压"过往，在文辞上则深深影响着来者：

若木耀西海，扶桑翳瀛洲。

——阮籍《咏怀诗》之二十八

愿借若木景，长照忧人情。

——江淹《从建平王游纪南城》

挥手折若木，拂此西日光。

——李白《古风》之四十一

牛黎国　│　原 文

有牛黎之国。有人无骨，儋耳之子。

有一个牛黎国，这里的人身上没有骨头，他们是儋耳国人的子孙后代。

牛黎，或当为"柔利"，两者声相近。《海外北经》有"柔利国"，其国人反膝，曲足，似这里描述的"无骨"的情态。

无骨，按郭璞注解，谓人天生无骨子。前文《大荒北经》中有"儋耳国"。

1.相羊：犹徘徊，盘桓。
2.飘风：疾风，旋风；仍：跟随，相从。

章尾山

原 文

西北海之外，赤水之北，有章尾山。有神，人面蛇身而赤，直目[1]正乘，其瞑乃晦，其视乃明，不食不寝不息，风雨是谒[2]。是烛九阴[3]，是谓烛龙。

在西北海之外，赤水的北岸，有一座章尾山。

章，或即"钟"字，两字音声相近，有发生转借的可能。《海外北经》中有"钟山"，从行文到义涵，与这里的章尾山有明显的关联。且古人在称引章尾山时，有的径直以"钟山"称之：

钟山在北海之中，地仙家数千万，耕田，种芝草，课计顷亩也。（《文选·舞鹤赋》注引《十洲记》）

至此，我们基本可以断定，章尾山就是钟山。

日安不到？烛龙何照？

——屈原《天问》

天底下，哪里有太阳照不到的地方？烛龙又怎样来照耀？这是屈原放言无惮的发问。下面我们来看关于烛龙的叙写。

有一个神，长着人的面孔、蛇的身子，通体都是赤红色的，身子长达一千里，竖着生长的眼睛正中合成一条缝。他闭上眼睛就是黑夜，睁开眼睛就是白昼，不吃饭，不睡觉，不呼吸，只以风雨为食物。（他）可照耀阴暗的地方，由此称作烛龙。

烛龙，即《海外北经》中的钟山之神"烛阴"。

1.直目：按郭璞注解，即目纵，两只眼睛是竖着的。
2.谒："噎"的假借音，这里有吞食、吞咽之意。
3.九阴：阴暗之地。

这里的"人面蛇身而赤"处，郭璞注解有"身长千里"四字。按清代王念孙之见，此四字属于正文而误入到郭璞的注解中。也就是说，应当把本来属于《海经》的内容，从郭璞的注文那里拿过来，还回去。

读书，还是要前前后后读，将书作为一个整体来读，如此方能发现问题，读出趣味。"身长千里"这四字，其实在《海外北经》中叙写"烛阴"时是有的。且其他早一点的古书在称引这段文字时，亦有"身长千里"，比如初唐时期的类书《艺文类聚》卷七十九在引用时，即有"身长千尺"四字，只是有"里"与"尺"字之别[1]，在说服力上打了小小的折扣，但无伤大雅。

关于"正乘"二字，郭璞注直接说："未闻。"没听说过，不知道是什么意思。严谨的态度令人敬佩，但难题还在。清代学者即从音韵训诂的角度，认为"乘"为"朕（朕）"的假借音。朕，最初人人都能以之自称，不分贵贱，是第一人称代词，《说文》："朕，我也。"自秦始皇开始，成为皇帝的自称，专用，他人不能再用了，变得尤其尊贵。段玉裁在《说文》注解中认为，"朕"在舟部，其解当曰舟缝。今天我们再看"朕"之甲骨文🔹，金文🔹，似有道理。段注称引大学者戴震的看法：舟之缝理曰朕，故札续之缝亦谓之朕。引申开来，大凡是缝，皆可以朕称之。例如《周礼·考工记·函人》有："视[2]其朕，欲其直也。"这里的朕，谓甲缝。从九五之尊的"朕"，到随处可见的缝隙，绕了一圈再回到《山海经》中的"乘"，无妨把这个"乘"当"朕"，再当眼缝来讲。

所谓"正乘"，即当为直直的一条缝。行笔至此，突然想到了猫的眼睛，其中有竖线，印象很深。

以上为《大荒北经》，整体上可视为第十七篇。

1.《艺文类聚》中还少了"直目正乘"四字。
2.视：察看。

卷十八

海内经

朝鲜 天毒

原 文

东海之内，北海之隅¹，有国名曰朝鲜、天毒，其人水居，偎人爱之²。

在东海之内，北海的一个角落，有个国家名叫朝鲜。

朝鲜，郭璞注解说："今乐浪郡也。"乐浪郡，汉武帝元封三年（前一〇八年）置，治朝鲜（今朝鲜平壤市南）。朝鲜的方位，已见前文的《海内北经》。

还有一个国家叫天毒。

天毒，我们来看一下郭璞的注解，了解一下那个时代对这个"异域"国家的认识：

天毒即天竺国，贵道德，有文书、金银、钱货，浮屠出此国中也。晋大兴四年，天竺胡王献珍宝。

我们的先贤在打量异国异域时，看重的是什么，珍视的是什么？要回答好这一问题，无妨从细读文本入手。从以道德为中心的政教伦理–精神文化生活到文字、文书、文献，再到贵重金属的矿产矿物，再到货币物品商业活动的开展以及佛教的发源，等等，这样的排序在简练的行文中，在字里行间透露出那个时代的"我们"的价值体系。"道德"排在第一位，这符合文明古国、礼仪之邦的品格和调性。

可根据《史记·大宛列传》中的"身毒国"和《后汉书·西域传》中的"天竺国"的记述，以及其他典籍中的零星记载，与之相参。

以今天的地理常识看，印度在西在南，朝鲜在东在北，相距甚远，这里记在一处，不合情理，文字上似有讹误或脱漏。

天毒国的人傍水而居，怜爱人，爱护人。

1.隅：这里谓水的边角处。
2.爱之：当作"爱人"。

偎，本义为紧贴，挨着；按郭璞注解，偎，亦是爱。天毒国的人之所以爱意满满，古人的理解是这个国度有"浮屠"。东晋时期的袁宏在《后汉纪》中认为天竺国崇尚佛道，"其教以修善慈心为主，不杀生"。依偎人，即意味着心与心靠近，知冷知热。

壑市国

原　文

西海之内，流沙之中，有国名曰壑市。

在西海之内，流沙的中央，有个国家名叫壑市国。

这个国家亦出现在《水经注》卷四十《禹贡山水泽地所在》的记载中："流沙又迳浮渚，历壑市之国。"

氾叶国

原　文

西海之内，流沙之西，有国名曰氾叶。

在西海之内，流沙的西面，有个国家名叫氾叶国。

鸟山　原文

流沙之西，有鸟山者，三水出焉。爰有黄金、璿瑰、丹货[1]、银铁，皆流[2]于此中。

又有淮山，好水出焉。

在流沙的西面，有座山名叫鸟山，有三条河流共同发源于此。

黄金、璿瑰、丹砂、银、铁等都聚集于此。

璿，同"璇"，美玉；瑰，以美石制成的珠子。璿瑰，即璿珠。《穆天子传》记载的天子之宝中，即有"璿珠"，谓以美玉美石磨制成的宝珠。

又有一座大山，名叫淮山，好水从这里发源。

朝云国　司彘国　原文

流沙之东，黑水之西，有朝云之国、司彘之国。

黄帝妻雷祖，生昌意，昌意降[3]处若水，生韩流。韩流擢（zhuó）首、谨耳[4]、人面、豕喙、麟身、渠股、豚止[5]，取[6]淖子曰阿女，生帝颛顼。

在流沙的东面，黑水的西岸，有朝云国和司彘国。

黄帝的妻子雷祖生下昌意。

1.丹货：大概为丹砂之属。
2.流：这里有汇聚之意。
3.降：下，言帝子到封地为诸侯。
4.谨耳：小耳。
5.止：通"趾"。
6.取：通"娶"。

雷祖，又作"嫘祖"或"累祖"，传为西陵氏之女，黄帝正妃，传说是养蚕治丝方法的创造者，教民养蚕。后世祀嫘祖为先蚕（蚕神）。

昌意降临至若水居住，生下韩流。

这里以韩流为昌意之子，颛顼之父。《大戴礼记·帝系》以及司马迁《史记·五帝本纪》的记载，皆以昌意为颛顼之父，与这段文字的叙述有所不同。
黄帝之子昌意既为诸侯，于是乎须待在自己的封国之内。

韩流有一个特征："擢首"。

擢，从手，翟声，有引拔、耸起之意。《说文》："擢，引也。"《方言》："擢，拔也。自关[1]而西，或曰拔，或曰擢。"一个物体因牵引和拔拽，往往会变得细长。由此来看，擢首，意谓脑袋细长。

韩流还长着小小的耳朵，有着人的面孔、猪的长嘴、麒麟的身子，"渠股"。

渠股，即蹁（pián）脚，即今天常言的罗圈腿。按郭璞注解："渠，车辋[2]，言蹁脚也。"蹁，当作"骿"，本义为肋骨连成一片，这里指连在一起。

韩流的脚和猪蹄子一样。
他娶了淖子族中一个叫阿女的为妻，生子颛顼帝。

不死山 | 原 文

流沙之东，黑水之间，有山名不死之山。

1.这里的关，指函谷关或潼关。
2.车辋（wǎng）：车轮的外框。

在流沙的东面，黑水流经的地方，有座山名叫不死山。

这里的不死山，即前文《海外南经》"不死民"郭璞注中提到的"员丘"，其上有不死树。

肇山　　原　文

华山青水之东，有山名曰肇山。
有人名曰柏高，柏高上下于此，至于天。[1]

在华山青水的东面，有座山名叫肇山。
有个仙人名叫柏子高，柏子高在这里上上下下，直至到达天上。

郭璞注云："柏子高，仙者也。"简单查阅一下相关的文字记载，这个仙人有一大特点：名字多。据说，此仙人姓征，名侨，又称作伯侨、伯高、北侨、正伯乔、王侨等。有记载说，黄帝曾向伯高（柏子高）请教，伯高大概为黄帝时的臣子。《庄子·天地》篇则记载说：

尧治天下，伯成子高立为诸侯。尧授舜，舜授禹，伯成子高辞为诸侯而耕。

这位伯成子高先生在尧治理天下之时，即已立为诸侯，但到了禹时却辞掉诸侯之位，亲自下到田地中去耕种了。因为这位得道的高人早预判出从禹的德衰刑立开始，乱世即将到来。

仙者，飘飘然，大概是自由的，特立独行的；如果还是著名的，自然会被各家请来拿来——到处"串场"。

1.经文中的"柏高"，当为"柏子高"。

都广野

原　文

西南黑水之间，有都广之野，后稷葬焉。

爰有膏菽、膏稻、膏黍、膏稷，百谷自生，冬夏播琴[1]。

鸾鸟自歌，凤鸟自儛，灵寿实华，草木所聚。

爰有百兽，相群爰处。此草也，冬夏不死。

在西南方黑水流经的地方，有名为都广野之地，后稷就埋葬在这里。

此处郭璞有注："其城方三百里，盖天下之中，素女所出也。"按清代学者郝懿行之见，注文似当为古本经文。

这里出产膏菽、膏稻、膏黍、膏稷，各种谷物自然成长，冬天夏天都可耕作播种。

膏，本义为动物的油脂，引申为物的精华，作为形容词用，意思都很美好，比如：司马迁笔下的关中地区，即为千里膏壤沃野；滋润庄稼的及时雨，则称之为膏雨；甘洌甜美的泉水，美其名曰膏泉；恩惠恩泽，则可称之为膏泽。

膏，在本书前文中已出现多次，《西山经》中有"玉膏"，《中山经》中有兽名曰"山膏"。这里用来形容农作物的"膏"，按郭璞注解，谓味道美好而光滑如膏。煮过饭、熬过粥的都有经验，但凡烹煮上好的谷米，火候到了，不但散溢出饭香，还会有一层薄薄的米油浮在上面。

鸾鸟在自由自在地歌唱，凤鸟在自由自在地舞蹈，灵寿树开了花，丛草树木生长茂盛。

灵寿树是什么树？

按郭璞注解，此木似竹子，有枝节。《北山经》的虢山，《中山经》的虎尾山、楮山、虎首山、丑阳山以及龟山等，都提到过它，即椐树。这种树木最大的特点是有肿节，节中肿，似扶老。

1.播琴：古时楚地人的方言，犹播种，种植。

据《汉书》记载，孔光曾受赐灵寿杖，这被看作朝廷"尊师而重傅"的一种体现。唐代的颜师古注解道："木似竹，有枝节，长不过八九尺，围三四寸，自然有合杖制，不须削治也。"树木，自然而然地长成了手杖，称之为灵寿，亦算贴切。但如此解释，总感觉没有那么"灵"，神明灵验之灵；没有那么"寿"，长命百岁甚至成仙得道之寿。这个疑虑，其实学人们早有关切，例如清代学者吴承志认为：

> 《吕氏春秋·本味》篇："菜之美者……寿木之华。"高诱注："寿木，昆仑山木也；华，实也，食其实者不死，故曰寿木。"寿木盖即灵寿，都广之野在黑水间，于昆仑山相近也。

其实，即便在地理空间上约略相近，也不能板上钉钉——寿木即灵寿之木，但起码这种说法让我们体会到《山海经》这部书应该有的那个格调：树木的花，吃了，即可长生不死，以之为灵寿之木，不更神嘛！

这里还有各种各样的禽鸟野兽，它们在此群居相处。
这个地方生长的草，无论寒冬炎夏都不会枯死。

若木　　原 文

南海之外[1]，黑水青水之间，有木名曰若木，若水出焉。

在南海之内，黑水、青水流经的地方，有一种树名叫若木。

若木在《大荒北经》中已有叙及，具体特征为：赤树，青叶，赤华。
这里有水出若木之下，水领受若木之名，曰若水。

1.外：当作"内"。

若水就是从若木生长的地方发源的。

禺中国
列襄国

原　文

　　有禺中之国。有列襄之国。有灵山，有赤蛇在木上，名曰蛹（rú）蛇，木食。

有个禺中国。有个列襄国。

有一座灵山，山中有一种红色的蛇，待在树上，名叫蛹蛇。它以树木为食，不吃其他禽兽。

蛹，有软弱之意在，暗含的意思是：不螫咬人，亦不伤及其他活物。

与蛹蛇相似的是《大荒南经》宋山中的育蛇，只是这里的蛹蛇以木为食，很独特。

盐长国

原　文

　　有盐长[1]之国。有人焉鸟首，名曰鸟氏。

有个盐长国，这里的人长着鸟的脑袋，名叫鸟氏。

1.盐长：或作"监长"。

九丘

原　文

有九丘，以水络[1]之：名曰陶唐之丘、有叔得之丘[2]、孟盈之丘、昆吾之丘、黑白之丘、赤望之丘、参卫之丘、武夫之丘、神民之丘。

有九座山丘，都被水环绕着，名字分别叫陶唐丘、叔得丘、孟盈丘、昆吾丘、黑白丘、赤望丘、参卫丘、武夫丘、神民丘。

这九座山丘的名字，个个有来头。陶唐，是尧帝的号；叔得、孟盈，是人的名号，后者或为天子号；昆吾，出名金，亦为古诸侯之号；黑白、赤望、参卫、武夫，四者都出产美玉美石；神民，言丘上有神人。

众民百姓，称之为"丘民"；乡村乡邑，则称之为"丘井"，或"丘落"。有一种说法认为，洪水前后，民众多居于丘。《尚书·禹贡》篇有"降丘宅土"之说。地高曰丘。大水退去，民众方得下丘，居于平土之上，开始种桑养蚕。

这里的山丘，四面皆为水，必然自成一个个生态王国。中华古文明或起源自山岳丘土，而不是通常言说的河流。

建木

原　文

有木，青叶紫茎，玄华黄实，名曰建木，百仞无枝，有[3]九欘[4]（zhú），下有九枸[5]（gōu），其实如麻，其叶如芒，大皞[6]爱过，黄帝所为。

1.络：环绕，连接。
2.有叔得之丘："有"字当为衍文。
3.有：当为"上有"。
4.欘：树枝回旋弯曲。
5.枸：树根盘错。
6.大皞：伏羲氏，传说中的上古帝王，风姓。

有一种树木，青色的叶子，紫色的主干，黑色的花朵，黄色的果实，名叫建木。

建木，已见于前文的《海内南经》。

它有高达一百仞的树干，不生长枝条，而树顶上有九根蜿蜒曲折的枝丫，树底下有九条盘旋交错的树根。

建木的果实像麻籽，叶子像芒树的叶子。

麻的茎皮长且坚韧，可供纺织，而麻籽则以细碎著称。芒，木似棠梨，按前文《中山经》记载，葽山有名为"芒草"的树木，叶子为赤红色。

按《帝王世纪》记载，伏羲之母履大人之迹于雷泽，而生伏羲于成纪。

蛇身人首的伏羲离这里不远，当经过此木，还有可能凭借它登上了天。黄帝栽培护理了建木。

窫窳   原 文

　　有窫窳，龙首，是食人。有青兽[1]，人面，名曰猩猩。

有怪兽窫窳，长着龙的脑袋，是要吃人的。

按《海内南经》记载，窫窳居于弱水之中。

还有一种野兽，长着人的面孔，名叫猩猩。

这里的猩猩，即狌狌，已见于前文《海内南经》。猩猩，郭璞注解说，"能言"。在

1.青兽："青"当为衍文。

《图赞》中，郭璞又描述道："厥状似猴，号音若嘤。"嘤，鸟鸣声。猩猩状貌像猴子，号叫之声却如鸟鸣。

通过这个"嘤"字，我们大致可以推知郭璞为何说猩猩能言。《诗经·小雅·伐木》有"嘤其鸣矣，求其友声。相彼鸟矣，犹求友声"。嘤其，犹嘤嘤，两鸟鸣叫；相，看。鸟叫之声一呼一应，如同在求友。能言，莫非就是好像人在说话交谈的样子？

巴国

原　文

西南有巴国。大暤生咸鸟，咸鸟生乘釐，乘釐生后照，后照是始为巴人。

西南方有个巴国。大暤生了咸鸟，咸鸟生了乘釐，乘釐生了后照，后照便开始成为巴国人的祖先。

巴国，按郭璞注解，即他那个时代的"三巴"。

三巴，是巴郡、巴东、巴西的合称。东汉末年的益州牧刘璋，把巴郡分为永宁、固陵、巴三郡，后来又改称巴、巴东、巴西三郡，是为"三巴"。地域大致相当于今天的川、渝间嘉陵江和重庆綦江流域以东的大部。

流黄辛氏国

原　文

有国名曰流黄辛氏，其域中方三百里，其出是尘土。有巴遂山，渑（shéng）水出焉。

有个国家名叫流黄辛氏国。

流黄辛氏，《南山经》中有柜山，而柜山西临"流黄"，即此。《海内西经》中有"流黄酆氏国"，亦即此。

流黄辛氏国的疆域方圆三百里，这里出产一种大鹿。

尘土，这两字在此处尤其令人费解。郭璞注解说，"言殷盛也"，殷实繁盛，人声喧腾，或似在叙写此地物产丰富，商业发达。或以为是其地清旷，无丝毫的尘嚣埃垢。按袁珂先生之称引论述，我们恍然大悟，或许在郭璞那个时代，"尘土"两个字已经开始闹笑话了。

我们爱说：字经三写，乌焉成马。

乌（烏）、焉、马（馬）三字形体相似，抄写时，易致讹误。那么"尘（塵）土"这两个字，是不是那个"塵"字呢？

> 独清蒋知让于孙星衍校本眉批云："塵土当是塵、麀（yōu）等字之讹。"为巨眼卓识，一语中的。今按此经"塵土"确系塵字误析为二也。塵字形体本长，如书之竹简，其长当又特甚；钞者不慎，误析为"塵土"二字，乃极有可能。"其出是塵"者，言此国之出产唯塵也。（袁珂《山海经校注》）

另，《大荒南经》有"黑水之南，有玄蛇，食麈"，《大荒北经》有"有大青蛇，黄头，食麈"，"麈"反复出现，亦可佐证此处之推论。这是文献校理的内证之法。

还有一座巴遂山，渑水从这里发源。

朱卷国 | 原文

又有朱卷之国。有黑蛇，青首，食象。

又有一个朱卷国。这里有一种黑色的大蛇，长着青色的脑袋，可吞食大象。

这种黑蛇已见于《海内南经》，即所谓的巴蛇。

赣巨人

原文

　　南方有赣巨人，人面长臂[1]，黑身有毛，反踵[2]，见人笑亦笑[3]，唇蔽其面，因即逃也。

南方有赣巨人。

这个地方即《海内南经》记载的枭阳国。

他们长着人的面孔而嘴唇长长的，黑黑的身上长满了毛，脚尖朝后而脚跟朝前，看见人就发笑，一发笑嘴唇便会遮住脸，人们就立即趁机逃走。

《尔雅·释兽》中的"狒狒"，郭璞注解说：其状如人，面长唇黑，身有毛，反踵。

黑人

原文

　　又有黑人，虎首鸟足，两手持蛇，方啖之。

还有一种黑人，长着老虎的脑袋、鸟的爪子，两只手握着蛇，正在吞食蛇。

1.臂：当为"唇"。
2.踵：脚跟。反踵，谓脚跟反向。
3.见人笑亦笑：或当作"见人则笑"。

嬴民　｜　原　文

有嬴民，鸟足。有封豕。

有嬴民，长着禽鸟的爪子。还有封豕。

嬴民，当为一个部族。《大荒东经》："有柔仆民，是维嬴土之国。"

《广雅》："封，大也。"封豕，即大猪。屈原《离骚》中言及"封狐"，意谓大狐。据载，因封豕为害百姓，尧帝命羿射杀之，并用它的精肉祭祀天地。屈原在《天问》中有：

冯珧利决，封豨是射。

冯，满；珧（yáo），蚌属，蚌蛤的甲壳，古时用作弓上的装饰品，这里代指弓；决，以象骨制成的扳指，射箭时套在大拇指上用以钩弦，这里代指箭。拉满了弓，箭搭上了弦，一定要把那大野猪射杀。

豕，留给世人的印象是贪婪、忿戾、刚暴有力，象征摧残和毁坏。封豕，古人以之喻贪暴的元凶首恶。

苗民　｜　原　文

有人曰苗民。有神焉，人首蛇身，长如辕，左右有首，衣紫衣，冠旃[1]（zhān）冠，名曰延维，人主得而飨[2]食之，伯（bà）天下。

有一个部族，这个部族的人称作苗民。

1.旃：纯红色的曲柄旗，这里表红色。
2.飨：祭献。

按郭璞注解，苗民，即三苗之民。三苗，亦称有苗，古族名，缙云氏之后，为诸侯，号饕餮，最初居处在江、淮、荆州一带。《尚书·舜典》记载有"窜三苗于三危"。窜，意谓放逐。传说在舜时，三苗被迁到了三危（今甘肃敦煌一带）。

这里祭祀的神明长着人的脑袋、蛇的身子，身躯长长的像车辕，左右两边各长有一个脑袋，穿紫色的衣服，戴红色的冠，名叫延维。

衣紫衣，前一个"衣"是动词，谓穿衣；后一个"衣"是名词，衣服。
同样，冠旃冠，前一个"冠"是动词，谓戴冠；后一个"冠"是名词。
延维，在《庄子·达生》篇中称之为"委蛇"：

> 委蛇，其大如毂（gǔ），其长如辕，紫衣而朱冠。其为物也，恶闻雷车之声，则捧其首而立。见之者殆乎霸。

据说，齐桓公外出田猎时，在大泽中见到了委蛇，于是齐国成为春秋时代第一个称霸的诸侯国。《庄子》一书中的"见之者殆乎霸"，过于简略，省却了中间环节，反而是经文对"称霸"的叙述，带有前提条件，叙述更严实。

人君若得到它，并且加以奉飨祭祀，便可称霸天下。

"伯"之初文作 ⊖，像人之首，本义为人首，引申为首领。篆文作 ⻌白，从人，白声，加入"人"这个意符，强调人之身份。《说文》："伯，长也。"诸侯之长为伯，这里用作动词，读作"霸"。

鸾鸟
凤鸟

原文

　　有鸾鸟自歌，凤鸟自舞。凤鸟首文曰德，翼文曰顺，膺文曰仁，背文曰义，见则天下和。

　　有鸾鸟自由自在地歌唱，有凤鸟自由自在地舞蹈。凤鸟头上的花纹是"德"字，翅膀上的花纹是"顺"字，胸脯上的花纹是"仁"字，脊背上的花纹是"义"字。它一出现，天下就会清明和平。

　　凤鸟的状貌描写，亦出现在《南山经》的丹穴山，与此略有差异。

崮狗

原文

　　又有青兽如菟，名曰崮（jùn）狗。有翠鸟。有孔鸟。

　　又有一种青色的野兽，形貌像兔子，名叫崮狗。
　　有翠鸟。还有孔雀。

　　"孔"之金文作𡥉𡥉，指事字，指示婴儿之囟（xìn）门，头顶骨未合缝，有孔。孔的本义为窟窿、洞穴，引申为大、通达之意。孔鸟之"孔"，谓大。孔鸟，或单个"孔"字，皆可指孔雀。
　　凤鸟，是神鸟，不晓得何时能一睹其真容，但孔雀在今天是可以近距离观瞻的。我们来看古人笔下流淌的那份"惊喜"：

　　　　孔雀，尾长六七尺，绿色有华彩，朱崖、交趾皆有之，在山草中。[1]（刘逵注左思《吴都赋》）

1.朱崖：亦作"珠崖"，郡名，汉武帝元封元年（前一一〇年）置，辖境相当于今海南东北部地；交趾：亦作"交阯"，泛指五岭以南的广大地区。

孔雀除了大，还斐然有章，长长的羽毛上有圆圈图案，像太极图，金碧有光，怎能不让人美叹！

三天子都山

原　文

南海之内，有衡山，有菌山，有桂山。

有山名三天子之都。

在南海之内，有座衡山，有座菌山，还有座桂山。

桂山，未详。《大荒西经》亦有"桂山"。以上句读，是按照有三座山的理解方向来进行的。按郭璞注解，经文还可理解为衡山有菌桂，桂圆似竹。

衡山，即南岳衡山。

还有座山，名叫三天子都山。

三天子之都，或作"三天子之鄱"。前文的《海内南经》中已有"三天子鄣山"。

苍梧丘

原　文

南方苍梧之丘，苍梧之渊，其中有九嶷山，舜之所葬，在长沙零陵界中。

南方有苍梧丘，还有苍梧渊，在苍梧丘和苍梧渊之间有一座九嶷山，舜帝就葬埋在这里。

按前文《海内南经》记载，舜葬于苍梧山之阳。按郭璞注解，九嶷之名来自山有九溪，皆相似——山有九峰，峰有一水，共九水，人望而疑之。古人总名其地，称之为"苍梧"。

九嶷（疑）之名，还有着眼于山峰、山势的"九峰相似，望而疑之"（唐·元结《九疑山图记》），"衡山遥望如阵云，沿湘千里，九向九背"（东晋·罗含《湘中记》）。

九嶷山位于长沙零陵境内。

按郭璞注解，九嶷山在晋时的零陵营道县南。

蛇山 ｜ 原文

北海之内，有蛇山者，蛇水出焉，东入于海。有五采之鸟，飞蔽一乡，名曰翳鸟。又有不距之山，巧倕（chuí）葬其西。

在北海之内，有座山叫蛇山，蛇水从这里发源，向东流入大海。

这里有一种有五彩翅羽的鸟，成群飞起，可遮蔽一乡之地的上空，名叫翳鸟。

这种鸟是洪荒中的幻象，还是历史下的真实？按郭璞注解，汉宣帝元康元年（前六五年），数以万计的五色鸟飞过蜀都，即此翳鸟。郭璞还注解说，翳，凤属。翳，在传世文献中或作"鹥"（yī）。屈原《离骚》中有：

驷玉虬以乘鹥兮，溘埃风余上征。[1]

1.驷：这里谓四虬龙驾车；虬：传说中的无角之龙；溘（kè）：忽然；埃：尘埃；征：行。

诗人孤独苦闷，由此想象驾着四条白色的虬龙，乘着凤鸟，凭着风，穿越尘埃，直上天空，去寻找志同道合者。这种鹥鸟在屈原笔下成了一种炫美的交通工具。

还有一座不距山，巧倕葬埋在此山的西面。

巧倕，相传在上古的尧帝之时被召，是一位巧匠，又主理百工，故又称"工倕"。《墨子·非儒下》：

> 奚仲作车，巧垂作舟。

奚仲，任姓，黄帝之后，传说中车的创造者，在夏时为车正——掌管车的主官。巧垂，则是制作舟船之人。两者的才能，都与我们的出行有关。车船，材质主要是木头，这就需要砍斫，需要取直的绳墨，这些工具都和巧倕有关系："巧倕不斫兮，孰察其拨正"（《楚辞·九章·怀沙》），"弃彭咸之娱乐兮，灭巧倕之绳墨"（东方朔《七谏·谬谏》）。

《庄子》一书对这位能工巧匠在精神哲学上的价值予以充分的发挥：

> 工倕旋而盖规矩，指与物化而不以心稽。（《庄子·达生》）

工倕之巧，他用手旋转画出来的圆，超过了圆规所画，手指和外物——要画的那个圆——已化而为一，不必再用心思来计量。工倕的心真正做到了专一，由此没什么窒碍。

以上种种，都是对遥远上古一位能工巧匠的文字记忆，片言只语，如星光点缀在夜空，我们约略可拼成一图，供今世仰望。

相顾尸 　原　文

北海之内，有反缚盗械、带戈常倍之佐，名曰相顾之尸。

在北海之内，有一个被反绑着戴上刑具，随身带着戈而图谋叛逆的臣子，名叫相顾尸。

反缚，谓反绑两手。盗械，一直有两种说法，一种说法是凡因犯罪而被戴上刑具，皆称之为盗械；一种说法是把"盗"训为逃，恐其逃亡，由此而戴上刑械。

戈，青铜时代的主要兵器，长柄，横刃，属钩类兵器，上有装饰物。单看"戈"之甲骨文 𡗓、金文 𢦏，线条勾勒，已经很形象了。后来文字演变，只是让线条整齐化了而已，例如篆文之 戈。

戈是利器。倍，通"背"，背弃。佐，辅佐，辅助的人，副职。如此解读的话，相顾之尸即为一个手执利器，以武力谋划乱政的形象。即如郭璞注所言，这里的相顾尸和《海内西经》中的贰负及其臣子危相类。

不知为何，读到这里，通过文字与这个被反缚着的相顾尸相对时，我竟想到的是普罗米修斯。古希腊大戏剧家埃斯库罗斯在《被缚的普罗米修斯》中借普罗米修斯说，"站在痛苦之外规劝受苦的人，是件很容易的事"。其实，我们今天阅读来自远古的"相顾尸"——面目模糊，连身影都是斑驳的，戈矛在，刑具在，若只在文字上浮光掠影地去读，那也是件很容易的事；若报以温情去注视，却如同探头窥视那无底的深井——幽冷黑暗。被人们遗忘，或被历史风烟吹散遮蔽的形象，或许只能任由我们去惋惜，去沉思。

> 谈谈别的事吧；这还不是道破的时机，我得好好保守秘密；因为只有这样，才能摆脱这些有伤我的体面的镣铐和苦难。（《被缚的普罗米修斯·五第二场》）

伯夷父 ｜ 原　文

伯夷父生西岳，西岳生先龙，先龙是始生氐羌，氐羌乞姓。

伯夷父生了西岳，西岳生了先龙，先龙的后代子孙便是氐羌，氐羌人都姓乞。

颛顼是著名的上古帝王之一，而伯夷父为颛顼之师。想想，这位帝王师应该很厉害吧。按《竹书纪年》记载，氐羌人在成汤十九年曾前来朝贡。《诗经·商颂·殷武》亦颂美道：

　　昔有成汤，自彼氐羌，莫敢不来享，莫敢不来王，曰商是常。[1]

　　氐羌，在《诗经》时代是在西方生活的部落，一般认为是氐族和羌族的并称。唐代的孔颖达疏："氐羌之种，汉世仍存，其居在秦陇之西。"

幽都山

原　文

　　北海之内，有山，名曰幽都之山，黑水出焉。其上有玄鸟、玄蛇、玄豹、玄虎、玄狐蓬尾。有大玄之山。有玄丘之民。有大幽之国。有赤胫[2]之民。

在北海之内，有一座山名叫幽都山，黑水从这里发源。

幽都，据载在雁门以北，北方属水，在色为玄黑。

山上有黑色的鸟、黑色的蛇。

前文已有黑蛇吞象、玄蛇食麈，皆极言其大。

有黑色的豹子。

前文《中山经》的即谷山中，多玄豹。

1.自：虽；彼：那；享：进贡；王：这里用作动词，谓朝见商王。
2.胫：自膝盖到脚跟的部分，即小腿。

有黑色的老虎。

黑虎，按郭璞注解，有自己的专属名称——黀（shū）。在《说文》中则有"騰"（téng）字，"黑虎也，从虎，腾声"。

还有黑色的狐狸——大尾巴，尾巴的毛是蓬松的。

《周易》中有两卦《既济》《未济》，都涉及狐狸的尾巴。例如《既济》卦之初九爻辞：

> 曳其轮，濡其尾，无咎。

爻辞的大意是拖曳车轮前行不得，小狐狸渡河弄湿了尾巴，不能过河了，但并没有什么祸害。狐生性狡猾，且多疑，昼伏夜出，因尾大而不能渡河，而小狐不知深浅，故有"小狐渡河，水漫其尾"之说。《诗经·小雅·何草不黄》亦有：

> 有芃者狐，率彼幽草。

芃，本义为草木茂盛，这里用来形容狐狸毛——主要是尾巴蓬松的样子。幽草，深草。两句诗的大意是，尾毛蓬松的狐狸，行走在草丛深处。
蓬尾，是先民对狐的集体记忆，意象最鲜活。

有座大玄山。有玄丘民。

按郭璞注解，玄丘民是说丘上的人、物都是黑色的。莫非这个族群的人都是以黑为美，崇尚玄色？

有个大幽国。

大幽国的人过的是"幽居"的生活：穴居。在洞穴中，自然不那么敞亮了，且身上无衣。

有小腿是赤红色的人。

钉灵国　　原 文

有钉灵之国，其民从㔶已[1]下有毛，马蹄善走。

有个钉灵国。

钉灵，古书中或作"丁令""丁灵""丁零"等。

这里的人膝盖以下的腿上长有毛，脚如马的蹄子，善于快跑。

关于"马胫""马蹄"，史学著述中留存各种传说异闻，可供参考：

丁令，魏时闻焉。在康居北……乌孙长老言，北丁令有马脑国，其人声音似雁鹜，从膝以上，身至头，人也，以下生毛，马胫马蹄，不骑马而走疾于马，勇健敢战。（元·马端临《文献通考·四裔考》卷三百三十九）

如何方可"善走"呢？郭璞注引《诗含神雾》说："马蹄自鞭其蹄，日行三百里。"这和我们小时候玩的"过家家"游戏差不多。一根小树枝当马鞭，抽打一下自己的屁股，喊一声"驾"，即飞奔而去，旋即拐回来说，花果山那里的桃子给你摘来了，其实，手里捧上来的只是院子里墙角下的几个小石头块。

我们要飞，我们更想飞一样地跑，跑得更快。在精神世界里，我们可以把不能在自身上"实现"的托付给远方，赋能给奇禽怪兽……以叙事的名义建构好了，我们可以在此岸追问：是何灵异？愿睹仙姿！于是乎，彼岸成为牵引此生的力量，让我们的在世充满一种必须有的"张力"，不至于让有限的自我坍塌陷落，或膨胀爆裂。

1.已：同"以"。

炎帝

原　文

　　炎帝之孙伯陵，伯陵同[1]吴权之妻阿女缘妇，缘妇孕三年，是生鼓、延、殳（shū）。始为侯[2]，鼓、延是始为钟，为乐风。

炎帝的孙子叫伯陵。

《北山经》《大荒西经》已叙及炎帝。

伯陵与吴权的妻子阿女缘妇私通，阿女缘妇怀孕三年，方生下鼓、延、殳三个儿子。殳发明了"侯"。

　　侯，箭靶。"侯"之初文作 ⿱、⿱，从矢，像箭射向箭靶。古人射箭大都以兽皮或布制成侯，张于木架上，其上加圆形或方形布块，称为的（dì）、质或鹄等。射者以中的为胜。《诗经·小雅·宾之初筵》有：

　　　　大侯既抗，弓矢斯张。

　　大侯，亦名君侯，按规制是最大的侯[3]；抗，举起来，竖起来；斯，为语气助词；张，箭已搭在了弓弦上。
　　有学者训"侯"为箜篌。箜篌，一作"空侯"，为古代拨弦乐器，分传统的卧式和竖式。卧式，据载是汉武帝时的乐人侯调所造，竖式则是东汉时经西域传入。由此来看，这里的"侯"当为箭靶。

　　鼓、延二人发明了钟，用来制作乐曲和音律。

1.同：通"通"，私通，郭璞注，"言淫之也"。
2.始为侯：前当补"殳"字，作"殳始为侯"。
3.按《仪礼·乡射礼》的记载：天子之侯，以熊皮制成，白质；诸侯则以麋皮为侯，赤质；大夫和士，皆以布为侯，分别以丹为质画上虎豹和鹿豕，以示区别。

黄帝

原文

黄帝生骆明，骆明生白马，白马是为鲧。

黄帝生了骆明，骆明生了白马，这个白马就是鲧。

鲧的本义是一种鱼，但又未明其详。鲧作为人名，我们更多地知道他是夏禹的父亲，相传因治水无功而被舜在羽山处死。

帝俊

原文

帝俊[1]生禺号，禺号生淫梁[2]，淫梁生番禺，是始为舟。
番禺生奚仲，奚仲生吉光，吉光是始以木为车。

帝俊生了禺号，禺号生了淫梁，淫梁生了番禺，这位番禺发明了舟船。

舟船关乎渡越河流湖泊。关于它的发明者，古书说法不一。另一个版本是黄帝的两个臣属——共鼓和货狄发明制作了舟。

番禺生了奚仲，奚仲生了吉光，这位吉光最早用木材制作出了车子。

按东汉许慎《说文》的记载，车是由奚仲发明创造的。这笔糊涂账呢，还是按郭璞和稀泥的方式来算比较合适，不惹争端：父子一起发明，是他们共同制造出来的。

1.帝俊：这里指黄帝。
2.淫梁：按《大荒东经》记载，即为禺京。

少皞 | 原 文

少皞生般，般是始为弓矢。

少皞生了般，般发明了弓箭。

弓箭，作为一种武器，在蒙昧时代可是具有决定性的创造。

弓是弓，箭是箭，两者又必须合在一起施用，才称得上弓箭。由此，郭璞认为，弓、矢一器，不能像有的古书记载的，分属两个人去发明——黄帝的臣子夷牟做矢，挥做弓，这在义理上说不通。这里认定是由般一人发明了弓箭，合理！

弓箭的发明创造权的归属更加不一，黄帝及其属下的臣工倕、浮游（夷牟）乃至羿等都被"提名"过。

羿 | 原 文

帝俊赐羿彤弓素矰（zēng），以扶下国，羿是始去恤[1]下地[2]之百艰[3]。

帝俊赏赐给后羿红色的弓和素色的带丝绳的箭，让他以射箭技艺去帮扶各诸侯国。

彤，朱红色。矰，系生丝以射飞鸟的短箭。按郭璞注解，则以矰为矢名，以白羽装饰。

后羿于是开始去各地救济苦难。

1.恤：体恤，周济。
2.下地：人间，这里指各地诸侯。
3.百艰：谓艰难之多。

以射道射术去扶弱救困，除患解难，彰显了弓箭的技术所绽放的能量，同时更体现出人性中的英雄气概。《海外南经》记载羿与凿齿战于寿华之野，最终羿用弓箭射杀了持盾的凿齿。还有封豕，也被羿射杀于桑林。技术理性和工具力量在文明教化的规约下一直都是正义美善的得力助手。

晏龙

原　文

帝俊生晏龙，晏龙是为琴瑟[1]。

帝俊生了晏龙，晏龙发明创制了琴、瑟这两种乐器。

据《大荒东经》记载，帝俊生了晏龙，晏龙生了司幽，司幽又生了思士。

最传统的说法是，伏羲做琴，神农做瑟。或是晏龙，或是神农，而嵇康在《琴赋》中谁也不得罪，说"至人摅（shū）思，制为雅琴"。至人，即体圣德美至极之人，运思而制作了琴。无论是谁，有此发明创作，都该称为"至人"。

帝俊八子

原　文

帝俊[2]有子八人，是始为歌舞[3]。

帝俊——舜有八个儿子，他们开始创制歌曲舞蹈。

1.是为琴瑟：或作"是始为琴瑟"。
2.帝俊：这里指舜。
3.歌舞：或作"歌"。

义均
叔均

原 文

　　帝俊生三身，三身生义均，义均是始为巧倕，是始作下民百巧。后稷是播百谷。稷之孙曰叔均，始作牛耕。大比赤阴，是始为国。禹鲧是始布土，均定九州。

帝俊——舜生了三身，三身生了义均。

义均，即前文中叙及的叔均，但说是舜帝的儿子，这里却说是舜帝的孙子。

义均便是所谓的巧倕，他开始发明创制世间的各种工艺技巧。
后稷开始播种各种农作物。后稷的孙子叫叔均，叔均开始使用牛来耕作种田。

叔均，前文说叔均是后稷之弟台玺的儿子，这里又说他是后稷的孙子，而且和前面说的义均又分别为二人。
神话传说多有分歧，叙述之人大概也只能如实记录。故而表现的是同一对象，而叙写出来的文字又往往有所不同。

大比赤阴——后稷之母，开始受封而建国。

大比赤阴，意义不明，有学者认为可能是后稷的生母姜嫄。"比"大概为"妣"的讹文。妣，即母亲。赤阴，与"姜嫄"在读音上相近。据古史传说，后稷被封于邰地而建国，姜嫄即居住在这里，亦即下面所言的"是始为国"。

大禹和鲧开始挖掘泥土治理洪水，度量划定九州。

传说鲧、大禹父子二人相继治理洪水，鲧使用堵塞的方法，大禹使用疏通的方法，都需要挖掘泥土。布，犹敷也，即施予，施行；土，即土工，治河时要填土、挖土。
均，平均，均匀，引申为度量、衡量；九州，相传大禹治理好洪水之后，把中原划分为九个行政区域，是为九州。

炎帝子孙

原　文

　　炎帝之妻，赤水之子听訞（yāo）生炎居，炎居生节并，节并生戏器，戏器生祝融。祝融降处于江水，生共工。共工生术器，术器首[1]方[2]颠[3]，是复土穰[4]，以处江水。共工生后土，后土生噎鸣，噎鸣生岁十有二。

　　炎帝的妻子——赤水氏的女儿听訞生下了炎居，炎居生了节并，节并生了戏器，戏器生了祝融。

　　祝融降临至江水居住，生了共工。共工生了术器，术器的脑袋为平顶方形，他恢复了祖父祝融的土地，从而又居住在江水之地。

　　按《竹书纪年》记载，术器在帝颛顼七十八年时作乱，或即这里的"复土穰"之事。

　　共工生了后土，后土生了噎鸣，噎鸣生了十二子，皆以岁阴——十二地支来命名。

　　后土，名句龙，佐黄帝为土官，又受命统领众土官，故而曰"后土"。《管子》一书记载，黄帝得后土之助而治理好了北方。

　　噎鸣，或即《大荒西经》中处西极、主持日月星辰运行的"噎"。若把"噎鸣生岁"的"生"训释为"主"，则噎鸣为掌握岁星——木星运行规律的时历天文之官。

　　木星，大约十二年运行一周天，它的行进轨道和黄道相近，因将周天分为十二分，称十二次。木星每年行经一次，就用它所在的星次来纪年，故称之为岁星。古代以干支纪年，十二支，称为"岁阴"。

　　由此来看，炎帝一系的子孙的作为主要在天象历法上。

1.首：脑袋。

2.方：方直。

3.颠：头顶。

4.穰：当为"壤"。

鲧窃息壤

原 文

洪水滔天。

鲧窃帝之息壤以堙[1]（yīn）洪水，不待帝命。帝令祝融杀鲧于羽郊。鲧复[2]生禹。帝乃命禹卒布土以定九州。

洪荒时代，到处是漫天大水。

鲧偷偷拿走了天帝的息壤——一种能无限自主生长的土壤，用来堵塞洪水，而没有等待天帝的命令。

洪水滔滔，唯有此种"息石""息壤"方可填塞缺口，遏止洪水漫流。息壤、息石，后世多有描述，其中苏轼作有《息壤诗》，诗前有小引：

今荆州南门外，有状若屋宇，陷入地中，而犹见其脊者。旁有石，记云：不可犯。畚锸所及，辄复如故。[3]

土石可自我滋长拔高，如此则像堤坝一样堵住水的流向。郭璞注中记载的类似"息土"的事发生在临淮徐县，地面自行堆积踊起，高二丈，长五六里。

壤，柔软松软的土，可用来耕作。息壤，当为黏性土，遇水而不散，可用来堆筑堤坝，围挡流水。

天帝派遣祝融把鲧杀死在羽山的郊野。

相传鲧死了三年而尸体不腐烂，用锋利的吴刀剖开其肚腹，鲧化为黄龙，与此同时就有了禹。

禹从鲧的肚腹中生出。天帝于是命令禹最后整治国土，控制住了洪水，从而划定九州区域。

1.堙：堵塞。
2.复：通"腹"。
3.畚（běn）：盛土器；锸（chā）：起土器。两者泛指挖运泥土的工具。辄：总是。

古时分中国为九州。九州具体为何，其说不一。《尚书·禹贡》谓冀州、兖州、青州、徐州、扬州、荆州、豫州、梁州、雍州。《吕氏春秋》有幽州，而无梁州；《周礼》有幽州、并州而无徐州、梁州；《尔雅》有幽州、营州而无青州、梁州。

本书以父子相继，终成其功的宏大叙事结尾，没有比这样一个永恒不灭的古老神话更让人安心，且催人奋进的了。《史记·夏本纪》：

> 尧崩，帝舜问四岳曰："有能成美尧之事者使居官？"皆曰："伯禹为司空，可成美尧之功。"舜曰："嗟，然！"命禹："女平水土，维是勉之。"

九州已定，山海可观。

以上为《海内经》，整体上可视为第十八篇。

刘歆在《上〈山海经〉表》中有言，由自己领衔把三十二篇的古本《山海经》"今定为一十八篇"。全书的整体结构基本符合刘歆校定时的分篇安排。

索引

海外南经   001

结匈国   004

南山   005

比翼鸟   006

羽民国   006

神人二八   007

毕方鸟   008

讙头国   008

厌火国   009

三株树   010

三苗国   011

载国   012

贯匈国   012

交胫国   013

不死民   014

岐舌国   015

昆仑虚   016

羿与凿齿   016

三首国   017

周饶国   018

长臂国   018

狄山   019

范林   021

祝融   021

海外西经   023

灭蒙鸟   025

大运山   025

大乐野   026

三身国   027

一臂国   027

奇肱国   028

刑天   029

女祭、女戚   030

鸢鸟、鶬鸟   030

丈夫国   031

女丑之尸   032

巫咸国   033

并封   033

女子国   034

轩辕国   034

穷山   035

沃野   035

龙鱼   037

白民国   037

肃慎国   038

长股国   039

蓐收   040

海外北经 043
无膂国 045
钟山 046
一目国 046
柔利国 047
相柳氏 048
深目国 049
无肠国 050
聂耳国 051
夸父 051
博父国 053
禹所积石山 054
拘缨国 054
寻木 055
跂踵国 055
欧丝野 056
三桑树 056
范林 057
务隅山 057
平丘 058
骏䮽 059
禺彊 060

海外东经 061
蹉丘 063
大人国 064
奢比尸 064
君子国 065
䖂䖂 066
朝阳谷 067
青丘国 068

黑齿国 071
汤谷 071
雨师妾 072
玄股国 073
毛民国 074
劳民国 075
句芒 076

海内南经 077
瓯、闽 079
三天子鄣山 080
桂林八树 080
伯虑国、离耳国、雕题国、北朐国 081
枭阳国 081
兕 082
苍梧山 083
氾林 085
狌狌 085
犀牛 086
孟涂 086
窫窳 087
建木 088
氐人国 088
巴蛇 089
旄马 090
匈奴国、开题国、列人国 090

海内西经 093
贰负 095
大泽 097
雁门山 098

后稷之葬	098	据比尸	126
流黄酆氏国	099	环狗	126
流沙	100	袜	127
东胡	100	戎	127
夷人国	101	林氏国	127
貊国	101	氾林	129
孟鸟	102	从极渊	129
海内昆仑山	103	阳汙山	130
赤水	105	王子夜尸	130
河水	105	宵明、烛光	132
洋水、黑水	106	盖国	132
弱水、青水	106	朝鲜	133
开明兽	107	列姑射	133
开明西	108	姑射国	134
开明北	109	大蟹	134
开明东	110	陵鱼	134
服常树	111	大鲭	135
开明南	112	明组邑	136
		蓬莱山	136
海内北经	115	大人市	136
蛇巫山	117		
西王母	118	**海内东经**	139
大行伯	119	钜燕	141
犬封国	121	流沙中	141
鬼国	122	流沙外	142
蜪犬	122	白玉山国	143
穷奇	123	雷泽	144
帝尧台、帝喾台、帝丹朱台、帝舜台	123	都州	144
大蜂、朱蛾	124	琅邪台	145
蟜	125	韩雁	146
阘非	126	始鸠	146

会稽山	146	皮母地丘	165
岷三江	147	大言山	165
浙江	147	波谷山	165
庐江	148	小人国	166
淮水	148	犁䰍尸	167
湘水	149	㶌山	167
汉水	149	芍国	168
濛水	150	合虚山	169
温水	150	中容国	169
颍水	151	东口山	170
汝水	151	司幽国	170
泾水	152	大阿山	171
渭水	152	明星山	172
白水	152	白民国	172
沅水	153	青丘国	173
赣水	153	柔仆民	174
泗水	154	黑齿国	174
郁水	154	夏州国	175
肆水	155	天吴	175
潢水	155	折丹	176
洛水	155	禺䝞	176
汾水	156	招摇山	177
沁水	156	困民国	178
济水	157	女丑	179
潦水	157	孽摇頵羝山	180
虖沱水	158	奢比尸	181
漳水	158	五采鸟	181
		猗天苏门山	182
大荒东经	161	壎民国	183
大壑	163	壑明俊疾山	183
甘山	164	三青马、三骓	184

女和月母国	184	羲和国	210
凶犁土丘山	185	盖犹山	211
流波山	187	菌人	212
		南类山	212
大荒南经	189		
趏踢	191	**大荒西经**	213
阿山	192	不周山	215
荣山	193	淑士国	216
巫山	194	神十人	217
不庭山	194	石夷	218
成山	195	狂鸟	219
不姜山	196	大泽长山	219
盈民国	197	长胫国	219
不死国	197	西周国	220
去痓山	198	方山	221
不廷胡余	198	天民国	222
因因乎	199	北狄国	222
襄山	200	芒山	222
载民国	201	三鸟	223
融天山	202	有虫状如菟	224
凿齿	202	丰沮玉门山	224
蜮山	203	灵山	225
宋山	204	西王母山	226
祖状尸	204	三青鸟	228
焦侥国	205	轩辕台	228
歾涂山	206	龙山	228
伯服国	206	女丑尸	229
张弘国	207	女子国	230
驩头国	208	桃山	230
岳山	209	丈夫国	231
天台山	210	弇州山	231

轩辕国	232	衡天山	257
弇兹	232	叔歜国	257
日月山	233	北齐国	258
天虞	235	先槛大逢山	258
浴月	235	阳山	259
玄丹山	236	大泽	260
孟翼攻颛顼池	236	毛民国	260
鏖鏊钜山	237	儋耳国	261
屏蓬	237	北极天柜山	262
巫山	238	成都载天山	262
昆仑山	239	无肠国	264
常阳山	241	相繇	265
寒荒国	241	岳山	265
寿麻国	242	不句山	266
夏耕尸	243	系昆山	266
吴回	244	深目民国	268
盖山国	244	钟山	268
一臂民	245	融父山	269
大荒山	245	齐州山	270
夏后启	246	一目人	270
氏人国	247	无继民	271
鱼妇	248	中輻国	271
鸀鸟	249	赖丘国	272
大巫山	250	苗民	272
		衡石山、九阴山、洞野山	273
大荒北经	251	牛黎国	274
附禺山	253	章尾山	275
胡不与国	254		
不咸山	255	**海内经**	277
大人国	256	朝鲜、天毒	279
榆山	256	壑市国	280

氾叶国	280
鸟山	281
朝云国、司彘国	281
不死山	282
肇山	283
都广野	284
若木	285
禺中国、列襄国	286
盐长国	286
九丘	287
建木	287
窫窳	288
巴国	289
流黄辛氏国	289
朱卷国	290
赣巨人	291
黑人	291
嬴民	292
苗民	292
鸾鸟、凤鸟	294
崑狗	294
三天子都山	295
苍梧丘	295
蛇山	296
相顾尸	297
伯夷父	298
幽都山	299
钉灵国	301
炎帝	302
黄帝	303
帝俊	303

少皞	304
羿	304
晏龙	305
帝俊八子	305
义均、叔均	306
炎帝子孙	307
鲧窃息壤	308